DIE STOLZEN HANSEATEN
ZUR BLÜTEZEIT DER HANSE

Die stolzen Hanseaten zur Blütezeit der Hanse

Wie es damals war

Scherz

AUSGEWÄHLT VON
DIETMAR DAMWERTH

Schutzumschlaggestaltung Atelier Höpfner-Thoma,
München, unter Verwendung eines Gemäldes von
Jan Brueghel d. Ä. «Großer Fischmarkt» aus der
Alten Pinakothek, München.

INHALT

WILHELM VON BIPPEN
Das Hansalied 7

RUDOLF HÄPKE
Die Hansestädte zu Beginn des 16. Jahrhunderts 8

HERMANN ENTHOLT
Lübeck, Bremen, Hamburg? 16

OTTO BENEKE
Klaus Störtebeker und Godeke Michels 23

EMANUEL GEIBEL
Eine Seeräubergeschichte 34

HANS LEIP
Auf Schiffstauen geboren 39

ERNST HERING
Die Entstehung des Großhandels 56

GUSTAV FREYTAG
Was wollen Sie geben? 63

WILHELM DAMWERTH
Die schwedische Krone 70

OTTO BENEKE
Der Hansen Spiele zu Bergen 75

WILLIBALD LEO VON LÜTGENDORFF
Königin des Hansebundes 81

THOMAS MANN
Revolution 88

IDA BOY-ED
Der Dorfdiplomat 103

PAUL F. PH. SCHMIDT
Lebensart und Charakter der Hamburger 111

OTTO BENEKE
Vom Lachsessen 120

HEINRICH HEINE
Die beste Republik 122

CLAUS LAFRENZ
Von hamburgischer Art, einem «runden» Geburtstag und Hafengeschichten 129

Hahl-awer 137

ANTON KIPPENBERG
Navigare necesse est 149

Einige Daten zur Geschichte der Hanse 158

Quellennachweis 160

WILHELM VON BIPPEN

Das Hansalied

Wo der Ostsee Woge brauset
An die alte Hansastadt,
Wo der schwarze Adler hauset,
Der der Franken Joch zertrat;
  Dort ist die Heimat, ihr töne unser Sang:
  Heil dir, Lubekia, beim frohen Becherklang!

Wo am grünen Elbestrande
Die drei roten Türme stehn,
Wo aus jedem fernen Lande
Aller Völker Flaggen wehn;
  Dort ist die Heimat, ihr töne unser Sang:
  Heil dir, Hammonia, beim frohen Becherklang!

Wo den Schlüssel zu der Feste
Treu und Redlichkeit bewahrt,
Wo bei jedem frohen Feste
Wohltun sich mit Freude paart:
  Dort ist die Heimat, ihr töne unser Sang:
  Heil dir, o Brema, beim frohen Becherklang!

RUDOLF HÄPKE

Die Hansestädte zu Beginn des 16. Jahrhunderts

Prächtig umsäumte die lange Kette der Städte der deutschen Hanse die südlichen Gestade von Ost- und Nordsee. Von dem hochragenden Reval, das von feinem Burgfelsen so weit über die blauen Wasser des Finnischen Meerbusens hinausschaut, bis zu den Schiffer- und Fischerstädten in den niederländischen Flachlanden Overyssel und Friesland an der Südersee gab es kein einziges ansehnliches städtisches Gemeinwesen, das nicht den Besitz der Hanserechte wohl zu schätzen gewußt hätte! Und das gleiche Bild am Rheinstrom bis hinauf zu des Reiches ältester und größter Stadt Köln, in Westfalen mit allen seinen großen und kleinen rührigen Städten und Flecken, nicht weniger auch in Niedersachsen, wo die Hanse außer Braunschweig, Hildesheim und mancher Nachbarstadt noch Göttingen erfaßte und sich damit an das Mittelgebirge heranschob. Weiter östlich in der Mark war allerdings schon einige Einbuße zu verzeichnen. Die fürstlichen Herren von Berlin-Cölln duldeten (seit 1442) nicht mehr ihre Zugehörigkeit zu einer Einung, wie die Hanse es war. Aber was wollte das Fehlen ihrer Sendeboten auf den Hansetagen bedeuten, wenn unter dem Vorsitze der lübischen Staatsmänner die Ratmänner aus den «wendischen» Städten in Mecklenburg und Pommern, nämlich Rostock, Wismar, Stralsund, Greifswald und die Vertreter des aufstrebenden Danzig mit ihren Gefolgsleuten aus den kleineren Städten des Ordenslandes Preußen, die Hamburger, Lüneburger, Bremer, die Braunschweiger, Kölner und wer sonst an den gerade zur Beratung stehenden Fragen näheren Anteil nahm, zusammenkamen? Gewiß gab es unter diesen weit von einander liegenden Gemeinwesen, von denen jede einzelne Stadt ihre eigene Individualität besaß und bis auf den heutigen Tag bewahrt hat, manche verschiedene Interessen und dementsprechend auch Streitigkeiten. Die älteren Handelsstädte wie Köln und Bremen, die sich in Vorzeiten bereits ihre Stellung im Handel geschaffen, hatten sich der lübischen Leitung zunächst gar nicht fügen wollen und löckten auch später noch wider den Stachel; Hamburg, das gerade um die Zeit, von der wir schreiben, die ersten Schritte zu seiner späteren Bedeutung tat, wollte häufig anders als die Travestadt, und von Danzig oder Riga aus gesehen, nahmen sich die hansischen Verhandlungspunkte wieder ganz anders aus; aber wann und wo hat ein solcher vielgliedriger «Zweckverband» bestanden, dessen Teilnehmer stets an einem Strange gezogen hätten? Steht doch die deutsche Hanse in der Geschichte überhaupt ganz einzig da, mit keinem Staaten- und Städtebund ohne weiteres vergleichbar! In den ersten Jahrzehnten des 16. Jahrhunderts jedenfalls war eine geschickt und umsichtig geleitete Politik noch durchaus imstande, mit den Mitteln, welche die Hanse an die Hand gab – diplomatische Einwirkung, Handelssperre, in letzter Linie Krieg –, im Bereich von Ost- und Nordsee mit einiger Aussicht auf Erfolg ihren Willen durchzusetzen oder wenigstens einen Versuch dazu zu wagen, ohne dem Vorwurf des Leichtsinns ausgesetzt zu sein.

Freilich wurde dies von Jahrzehnt zu Jahrzehnt schwieriger. Die Zeit war den Städten als selbständigen Gemeinwesen mit eigenem politischen und wirtschaftlichen Willen nicht günstig; der Zusammenprall mit den ringsum die Nord- und Ostsee sich festigenden Reichen, England, Dänemark, Norwegen, Schweden, ließ mehr als eine Gewitterwolke am hansischen Horizonte aufsteigen. Aber einstweilen erfreuen wir uns an der lebendigen Gegenwart und sehen uns jene Städte an, von denen die Rede war! Es ist der Mühe wert, eine Hansestadt im 16. Jahrhundert aufzusuchen.

Nähern wir uns ihr zu Lande, so kommen wir schon in einiger Entfernung von der Stadt durch Dörfer und Höfe, die dem Rate oder einzelnen begüterten Bürgern gehören, auch die Landwehr mit Warttürmen und Wassergraben, die vom städtischen Gebiet Schnapphähne und Straßenräuber fernhalten soll, spricht von dem erfolgreichen Bestreben, die Umgebung sich untertan zu machen. Bei den drei jetzigen Hansestädten ist ja das Staatsgebiet aus einem solchen Landgürtel von 250 bis 400 Quadratkilometern hervorgegangen. Aber so stattlich die Meierhöfe und die umzäunten Dörfer sein mögen, wie rasch vergessen wir sie vor dem Eindruck, den uns die Stadt selbst bietet! Heutzutage gleiten erst lange Zeilen von Villen, Fabriken, Arbeiterquartiere in den Vorstädten an unserem Blicke vorüber, ehe wir in die Stadt einfahren, in die jene Vororte vielfach ganz unmerklich übergehen. Damals erhoben sich vor den Toren allenfalls einige jämmerliche, von verarmtem Volke bewohnte Gassen, die man bei herannahender Kriegsgefahr ohne viel Zaudern den Flammen überließ, auch wohl einige Klostergebäude, welche die Spitzhacke in solchen Fällen gleichfalls nicht verschonte; dann aber im wehrhaften Schutze ihrer Mauer, rings überragt von ihren Kirchen, ganz unmittelbar hinter dem Wallgraben aufsteigend die Stadt selbst! Wenn die Häusermassen, vielleicht gelagert auf einem langgestreckten Höhenrücken wie in Lübeck oder gruppiert um die Domsdüne wie in Bremen, an sich schon auf den Beschauer eindringlich wirkten, um ihm Pracht und Macht der Stadt vorzuführen, wenn die Kirchtürme, die noch stattlicher als heute aus dem Meer der roten Dächer hervorschauten, da noch nicht viele Stockwerk hohe Geschäftshäuser und öffentliche Gebäude sie beengten, die gleiche Sprache redeten, so kündeten vor allem auch die Stadttore von der Selbstsicherheit der Stadt: Die alten Nutzbauten des 13. Jahrhunderts waren vielfach durch Zierbauten ersetzt, die im Kriegsfalle nicht mehr völlig einwandfrei, aber köstlich und schön waren.

Der städtische Wallmeister, den wir mit einem Grundriß in der Hand am Tor antreffen, macht denn auch ein bedenkliches Gesicht, als wir ihm unsere Bewunderung für den Mauerkranz ausdrücken. Er hätte ihn lieber nach der neuen Art verbessert, wie die gewaltige Entwicklung der Artillerie, die diese in den Tagen weiland Kaiser Maximilans genommen, sie forderte und wie sie drüben im Oberland kein Geringerer als Meister Albrecht Dürer in Kürze (1526) in einem eigenen Buche zusammenfassen wird: Gewaltige Steinmassen, zu runden oder halbrunden Batterietürmen zusammengefügt, sollen mittelst der eigenen Artillerie den Feind von den bedrohten Punkten der Stadt fernhalten. Solche Rondelle oder Zwinger, wie Bremen sie in «Braut» und «Bräutigam» zum Schutze seiner Weserfront schuf und wie einer in der ältesten Bergstadt des Reichs, in Goslar, noch heute steht, will unser Wallmeister auch bauen, dann erst kann er für die Verwendung der Artillerie gut sagen, die in fast überreicher Fülle der Stadt zu Gebote steht. Hören wir doch, daß Lübeck 1526 nicht weniger als 1203 Kanonen und größere Schießwaffen besaß, von denen 447 auf den Werken, 139 an Bord, 617 in den Zeughäusern standen, auf etwa 20 Einwohner ein Geschütz! Wie kunstreich waren sie, diese ganzen und halben Schlangen, Falkonettlein, Donnerbüchsen aus Guß- und Schmiedeeisen mit ihren Kammern und Doppelläufen; alles, was das begabte Zeitalter an Erfindungskraft besaß, war über die Artillerie ausgeschüttet. Kein Wunder, daß man zu viele Muster und Kaliber hatte und daß der nächste Fortschritt dahin führen mußte, die Fülle des Gebotenen einzuschränken im Sinne größerer Einheitlichkeit.

Doch inzwischen sind wir in die Torgasse eingetreten. Wer nun etwa glaubte, sogleich auf stattliche Gebäude zu stoßen, wie sie heute ein kluger Stadtrat an seinem wohlgepflegten Bahnhofsplatz errichtet, geht fehl. Nein, nächst den Mauern haust meistens die Armut, etwa bedürftige Leineweber und die Schar der Witwen und alleinstehenden Frauen, die mit Nähwerk und ähnlichem ihr bißchen Brot verdienen. Wo die Stadt bei Ausmessung ihres Mauerrings dereinst klug war und große Flächen für eine zukünftige Erweiterung einbezog, die dann doch meistens auf sich warten ließ, lagen große Obst- und Weingärten innerhalb der Tore; oft aber war auch jedes Fleckchen an den Wohnstraßen genutzt, und jene Ärmeren mußten ein Gärtchen entbehren. Dann schauten sie erst wieder auf schattige Bäume in den Höfen der zahlreichen Stadtklöster, Zufluchtshäuser benachbarter Abteien, Stifter, die sich im Laufe der frommen mittelalterlichen Jahrhunderte in der Stadt gehäuft hatten. Namentlich Klöster und Kirchen der Bettelmönche, der Franziskaner und Dominikaner, kenntlich durch den Dachreiter, den das kanonische Recht ihnen erlaubt, hatten im 14. und 15. Jahrhundert die Bürger angezogen und zu Schenkungen bewogen; hier glaubten sie ihr Seelenheil am besten aufgehoben. Denn sonst hatte man allgemein an der hohen und niederen Klerisei viel auszusetzen: Bedenklich gärte es aller Orten wider die faulen Bäuche der Domherren und der unwissenden Pfarrer. Nicht eigentlich die altertümlichen Kathedralen in Bischofsstädten wie Bremen, Hamburg, Lübeck waren daher Gegenstand der Fürsorge und Pflege durch die Bürgerschaft, sondern mehr die Rats- und Pfarrkirchen. Hier fühlte man sich zu Hause, sorgte für Altäre mit reichem Bilderschmuck und wählte die letzte Ruhestätte, womöglich in der Kirche selbst unter einer Grabplatte aus Messing oder Stein, sonst auf dem Friedhof in nächster Nähe der gen Himmel weisenden Türme. Kirche und Kirchhof waren trotz der Gräber nicht nur stiller Andacht und dem Sonntag vorbehalten wie heute im protestantischen Norden. Das Volk lebte vielmehr in seiner Kirche und ihrer nächsten Umgebung, die es täglich aufsuchte; man plauderte, erging sich im Chor und Kirchenschiff oder zwischen den Gräbern, reichte befreundeten Damen höflich das Weihwasser, hatte oft auch recht weltliche Dinge im Sinne, ungeachtet der ernsten Mahnungen, welche die Totentänze von den Wänden der Kapelle herabriefen. Überall traf man Mitglieder frommer Brüderschaften, die hier einen Mitbruder zur letzten Ruhe geleiten, dort den Bruderschaftsaltar schmücken, kenntlich an ihren Abzeichen, etwa dem Antoniuskreuz mit dem Glöcklein zu Ehren des beliebten Einsiedlers, der dereinst in Ägyptens Wüste gehaust hatte.

Alle diese Kirchen, in ihrer großen Mehrzahl gotisch, noch nicht entstellt durch schnurrige Hauben aus der Zopfzeit, wie sie manchem Turm später aufgesetzt wurden, sehen auf öffentliche Gebäude und Bürgerhäuser hinab, denen gleichfalls der gotische Stil das Gepräge gibt. Die heiteren Formen der Renaissance sind ja grade erst über die Alpen nach den süddeutschen Reichsstädten vorgedrungen; wir werden sie später in unseren Hansestädten noch wiederfinden. Gotische Giebel und Spitzbögen, starke Betonung der vertikalen Linien: Wie trefflich passen sie zu den schmalen, hochgebauten Straßenfronten der hansischen Häuser! Den meisten kann man noch ansehen, daß sie aus dem niedersächsischen Bauernhaus entstanden: Wo dort die Einfahrt den hochbepackten Heuwagen aufnahm, war hier die weiträumige Diele erhalten, die man als Lagerschuppen nutzt, wenn nicht die Warenballen hinaufgewunden werden auf die mehrgeschossigen Dachböden. Vorn ein kleiner Verschlag für das Schreibpult, das

Marktplatz der Hansestadt Bremen.
Links der Schütting (Haus der Kaufmannsschaft), rechts das Rathaus
(Kupferstich aus der Merian-Werkstatt, um 1650)

«Kontor», während Wohn- und Schlafräume in die oberen Stockwerke verwiesen werden, wo sie die Handlung oder auch das Brauwerk nicht stören. Zahlreiche Gelasse im ganzen; denn man braucht Raum für die Kostgänger, und wenn die meist zahlreichen Kinder auch das elterliche Schlafzimmer teilen, so wollen doch Lehrlinge, Knechte, Mägde, so einfach ihre Lagerstätte sein mag, unter demselben Dache untergebracht sein. Für die Ställe, die man doch nicht gern entbehren mochte, fehlt auf dem immer stärker beanspruchten Grundstück, trotz seiner oft bedeutenden Tiefe, der Platz: Naiv möchte man sie an die Gasse verlegen – warum auch nicht? Laufen nicht dort schon wie etwa in Lübeck 20 «Tönniesswine» mit Kreuz und Schelle frei umher, die bei dieser unsteten Lebensweise sogar dick und fett werden? Aber der Rat will die Schweinekoben an der

Straße nun einmal nicht dulden, wie er überhaupt nach Kräften für Sauberkeit und Ordnung eintritt.

Kleine Städte nach heutigen Begriffen waren die Hansestädte samt und sonders. Der Fernerstehende staunt immer wieder, wenn er hört, daß die «Großstadt» auf deutschem Boden, Köln, in der zweiten Hälfte des 16. Jahrhunderts 37000 Einwohner zählte, daß Lübeck 1487/88 mit 22172, Danzig 1550 mit 19800/23000 Seelen berechnet wird. Die meisten Städte im In- und Ausland brachten es längst nicht auf eine solche Bevölkerungsmenge. Freilich in einer Beziehung machten jene 10/20000 Menschen fast soviel aus wie heute die zehnfache Zahl: Sie nahmen noch wirklich mit allen Fasern des Herzens teil an den Geschicken ihrer Stadt in guten und bösen Zeiten und erlebten alle neuen Ereignisse – etwa den Bau eines Hauses, die Errichtung eines Brunnens – ganz anders mit als Hunderttausende gleichgültiger Großstädter von heute. Sind diese Einwohner eines «Kommunalverbandes» und «Censiten» vielfach ohne das geringste innere Verhältnis zu ihrem zufälligen Wohnort, so waren jene Hanseaten wirklich Bürger eines Stadtstaats, wie dereinst Römer und Athener, und dieser Stadtstaat bedeutete ihnen alles auf Gedeih und Verderb. Ganz sicher, daß nur so die nachhaltigen Leistungen so mancher Städte in Krieg und Frieden und im Ringen mit allzu gewaltigen Aufgaben zu erklären sind. Gingen sie schließlich über die Kraft der Städte hinaus, nun, so haben ihre Bürger doch auch in der hansischen Spätzeit mehr als einmal ihren Mann gestanden.

HERMANN ENTHOLT

Lübeck, Bremen, Hamburg?

Es war im Jahre des Herrn 1307 im Sommer, da trafen sich zwei gute Bürger, Tylo Bodendorp, der Lübecker, und Hinrik Bersing, der Bremer, zu Hamburg in derselben Herberge in der Deichstraße.

Gegen Abend, als sie am Herd beisammensitzen und das Hamburger Bier anschlägt, geraten sie in eine warme Unterhaltung. Jeder sprach, wie's hansischen Bürgern so wohl ansteht, von seiner Stadt das Beste. Daheim wird freilich vieles getadelt, und auf Bauwesen, Brotordnung und Brauwerk wacker gescholten, aber draußen, und zumal einem Mithansen gegenüber, da ist alles herrlich, und was es auf Erden Treffliches gibt, in der Vaterstadt da ist's noch viel besser, nämlich am allerbesten.

Da nun Hinrik Bersing, der Bremer, den Mund etwas voll nahm, so verdroß dies mehr als billig den Lübecker, und da er nicht so flink mit der Zunge war und sein vernünftig Gegenwort stetig überhört blieb, so brach endlich sein verhaltener Grimm in ein schier unvernünftig Schmähen gegen den Rat und die Stadt Bremen aus. Als nun Bersing erwiderte: «Trinke dein Bier gemächlicher und sage mir, wessen du die Bremer bezichtigst», da wußte Tylo sich nicht anders zu helfen, als daß er sagte, die Bremer Ratsherren seien hoffärtig und maßten sich Gold und Pelzwerk in der Kleidung an, so ihnen nicht gebühre. Bersing aber entgegnete: «Doch haben sie das Recht dazu, und zwar vom Kaiser, schon hundert Jahre früher, ehe denn es in Lübeck Ratmannen gab.» Dabei lachte er gar spöttisch, und das stieg dem ehrlichen Tylo so zu Kopfe, daß er sich hinreißen ließ, dem Bremer Bürger ins Gesicht zu sagen: «Das lügst du in deinen Bart hinein, es ist falsch und kein wahres Wort daran.» Hierzu lächelte der Bremer wieder und entgegnete: «Das sollst du mir hernach zu Ehren meiner Stadt entgelten; jetzt vernimm, wie ich's beweise, was ich behauptet. Die Bremer sind unter ihren Ratsherren mitgewesen bei der Heerfahrt Herzogs Gottfried von Bouillon und haben das heilige Land gewinnen helfen, derweil ihr Lübecker still zu Hause geblieben seid. Darum erhielten die Bremer bei ihrer Heimkehr vom römischen Kaiser drei herrliche Stücke der Hoheit, deren sie sich ewig freuen werden; zum ersten, daß sie frei sind vom heimlichen Gericht der Feme; zum andern, daß sie die Weser, des Reiches freie Straße, verteidigen dürfen gegen jede Unbill bis in die salzene See; zum dritten, daß die Bremer Ratsherren an ihrer Kleidung Gold und Pelzwerk tragen dürfen wie Ritter und freie Herren. Und zum Zeugnis solcher drei Hoheiten dürfen wir unserem Roland auf dem Markte des Kaisers Wappenschild vorhängen, verwahren auch darüber eine Urkunde mit kaiserlichem Insiegel als köstlichen Besitz der Stadt.»

Als nun Tylo dennoch des Bremers Worten nicht glauben mochte, sondern Zeugen oder Beweise forderte, da sagte Bersing, Zeugen wären nicht mehr am Leben, aber Beweise wolle er bringen, nach Erkenntnis des Rates zu Hamburg, bei dem er den Lübecker wegen seiner Schmähung zu verklagen gedenke. Da erschrak Tylo Bodendorp und saß still und in sich gekehrt da. Aber sein Widerpart ließ nicht ab, erhub mit vielen Worten Bremen weit über Lübeck und vermaß sich zu beweisen, die bremische Freiheit sei größer denn die lübische. Dem entgegnete Tylo erzürnt: «Wie ist das zu vergleichen? Wir sind kaiserlich frei, ihr seid dem Erzbischof untertan!» – Hinrik Bersing war ein kluger, feiner Mann, in den Rechten wohlbeschlagen und konnte reden wie ein Sachwalter. Er war auch seines

Bürgermeisters Henrich von Hilligendorps Schreiber gewesen und hatte von dem manches erlernt. Also begann er nun mit St. Willehad und Karl dem Großen und rechnete an den Fingern sieben fernere Hauptstücke bremischer Freiheit her, daraus hervorgehen sollte, daß Lübeck trotz seiner kaiserlichen Freiheit dennoch minder gefreiet sei als Bremen, des Erzbischofs Stadt. Und weil er die Rede wohl zu fügen verstand und alles ins beste Licht zu setzen wußte, so kam's auch beinahe also heraus. Gut nur, daß kein Hamburger dabei war, sonst hätte er den auch zu beschwatzen getrachtet, daß Bremen über Hamburg stehe.

Tylo, der Lübecker aber, dem es vor Bierdunst und Wortschwall schier wirr im Kopfe wurde, konnte nichts weiter entgegnen, nur rief er trotzig, Lübeck stehe doch über Bremen, Lübeck sei das Haupt der Hanse und die beste Stadt im Reiche. Da er nun nicht rück- und vorwärts konnte, verfiel er wieder auf das leidige Gold und Pelzwerk der Bremer Herren, das ihn zumeist verdroß, und sprach: «Kannst du mir deiner Herren Recht dazu nicht beweisen, so bleibst du doch ein Lügner.» – «Wohlan», sagte Bersing, «morgen hier vor Gericht, da sollst du mir's entgelten, daß du mich Lügner geheißen hast; und der Hamburger Rat soll's entscheiden, je nachdem ich's beweise oder nicht, ob Bremen besser sei denn Lübeck oder ob Lübeck über Bremen stehe.»

Andern Tages im Rathause ließ jeder seine Rede laut werden und Hinrik Bersing sprach am lautesten und klügsten. Als der Rat nun vernahm, daß er sollte zu Gericht sitzen über die größere oder geringere Macht seiner Mithansen zu Lübeck und Bremen, da entsetzte er sich sehr und mochte gar nicht dran. Denn obschon Bremen wegen verweigerter Bundeshilfe von der Hanse auf etliche Zeit ausgeschlossen war, so wollte man doch keine Händel mit der werten Stadt anspinnen, um der Torheit zweier Bürger willen. Zu geschweigen, daß es immer unziemlich ist, über zweier Freunde Vorzüglichkeit öffentlich zu erkennen. Also redeten die Hamburger Herren den fremden Bürgern liebreich zu, sie möchten sich vertragen und den unnützen Hader vergessen. Sie dachten dabei in der Stille: Wie streitet ihr euch doch um des Kaisers Bart, denn weder ist's Lübeck noch Bremen, sondern die beste Stadt im Reich ist die, wo wir sitzen und über euch Recht sprechen. Bersing wollte aber von keinem friedlichen Vergleich hören, und da er merkte, daß der Rat die ganze Sache von der Hand zu weisen trachtete, rief er: «In eurer Stadt bin ich geschmähet und Lügner gescholten, darum verlange ich mein Recht, und also müßt ihr erkennen, anders seid ihr Justizverweigerer und des Rechtes Feinde.» – Hiernach ging der Rat auf den bösen Handel ein und erkannte zuvörderst: Hinrik Bersing müsse binnen drei Wochen, wie er sich erboten, den Beweis bringen, daß die Herren zu Bremen in alle Ewigkeit kaiserlich privilegiert seien, Gold und Pelzwerk auf ihren Röcken zu tragen; dann solle weiter erkannt werden, wie rechtens.

Und binnen drei Wochen standen richtig Tylo Bodendorp aus Lübeck und Hinrik Bersing aus Bremen wiederum vor dem Rat zu Hamburg. Bersing hatte von seinem Rat das berührte Privilegium mit dem kaiserlichen Insiegel selbst zwar nicht entlehnen können, wohl aber ein sogenanntes Vidimus, eine beglaubigte Abschrift unterm Stadtpitschaft, mit der Weisung, das Original könne jedweder, den's kümmere, im Rathaus zu Bremen besichtigen. Und Bersing forderte Tylos Buße und die Erkenntnis, daß Bremens Hoheit größer sei denn die Lübecks, von wegen des Pelzwerks.

Als dies die Hamburger Ratsherren lasen, wurden sie unmutig. Sie besprachen sich lange heimlich, während die zwei Gegner abtreten mußten. Es war eine kitzliche Sache.

Dem Tylo gönnten sie wohl die Buße für sein Schmähen, aber damit hätten sie zugleich die größere Hoheit Bremens anerkannt, was doch nimmermehr in der Wahrheit war. Und da Lübeck das Haupt der Hanse war, so hätte der Spruch auch angezeigt, daß Bremen über Hamburg stehe, was doch noch irriger sei. Und das ehrwürdige Haupt der Stadt, Herr Theudo Wandsnyder van der Mölenbrügg, forderte Rats, was zu tun sei in solcher Beklemmnis. Wenn der Bremer Unrecht bekäme, so hetzte er seinen Bürgermeister, dieser den Rat, der Rat den Erzbischof, der Erzbischof aber stachle das Hamburger Domkapitel wider ihre gute Stadt feindselig auf, was Gott verhüten möge. Wenn aber Lübeck, so in Hansesachen das Heft in Händen halte, nachgesetzet werde, so würde das hamburgische Kommerzium dies gar empfindlich vermerken – ganz zu geschweigen der obberührten Verkleinerung der Stadt gegen Bremen. Elard Unververd, der jüngste Herr, wollte zwar unerschrocken, wie sein Name, allen Bremern wie der Klerisei an der Elbe tapfer zuleibe, aber die Mehrheit beliebte einen nochmaligen Versuch gütlicher Beilegung, ohne jetzt schon ein Urteil zu sprechen. Sie sandten drum einen ihres Mittels, Johann Franzoiser, einen lustigen, gewandten Herrn, an die beiden Widersacher. Und richtig, der verstand's, sprach so lange auf beide ein, zupfte so ergötzlich den verwirrten Streit auseinander und fädelte so geschickt die häklige Versöhnung ein, daß Tylo Bodendorp seine Schmähung widerrief und dann ernsthaft erklärte, er wisse vom Rat und der Stadt Bremen nichts als Gutes. Worauf auch Hinrik Bersing bekannte, daß er vom Rat und der Stadt Lübeck nur Liebes und Gutes vernommen habe. Und damit geleitete Herr Franzoiser die beiden freundlich zum Rathaus hinaus und riet ihnen schließlich, die Aussöhnung durch ein Feiermahl zu besiegeln.

Solcher Rat gefällt beiden so wohl, daß sie danach tun.

Während der Zurüstung des Mahles treten sie selbander durchs Hinterhaus auf den Altan überm Wasser, den man in Hamburg die Laube heißt, besehen sich da die mancherlei Bequemlichkeiten und wundern sich mächtig ob solcher Trefflichkeit. Blicken auch unter sich aufs Fleet und ringsumher und gewahren an jedem der Häuser und Speicher rechts und links und gegenüber solche Lauben. Und es mutet sie gar ergötzlich an, allhier zu sitzen, sich zu lüften und zu sonnen, die schöne Aussicht zu genießen aufs grüngelbe Fleet, auf die Schuten und Kähne, die bei den hohen Speichern die Warenballen ab- und aufladen; auf Flut und Ebbe, so ihnen auch was Neues, und auf die Fleetenkieker bei Niedrigwasser. Und sie blicken rechts das Fleet hinunter, wo der große Binnenhafen ist mit den tausend Masten und Segeln aus allen Landen und Meeren. Und Hinrik Bersing, wie er so ganz vergnügt auf der Laube sitzt und beschaulich das Fleet und den Hafen anblickt, muß an die Beschreibung der Stadt Venetia denken, so man die Meereskönigin heißet, und es wird ihm ganz respektvoll zumute. Auch Tylo Bodendorp seufzet leise und denkt: so gut haben wir's an der Trave nicht; und spricht dann: «Wie ist's Hinrik, habt ihr in Bremen denn auch solche Hoheit wie diese?» Worauf Bersing ganz kleinlaut antwortet: «Nein, Tylo, solcher Hoheit müssen wir Bremer entbehren.»

Damit gingen beide nachdenklich zu Tische. Der Wirt hatte ihnen eine kräftige Suppe vorgesetzt, darin fünferlei Kraut, viererlei Gemüse, dreierlei Klöße, zweierlei Obst und einerlei Fisch nebst Süß und Sauer, so man heutzutage Aalsuppe und das Hamburger Nationalgericht nennt; Hamburger Rauchfleisch stand dabei nach Belieben, und vom besten Hamburger Bier waren die Humpen immerdar voll, dessen wurde beider Gemüt ohne Maßen froh. Und obschon Hinrik Bersing das Hamburger Bier zeither fast verachtet hatte, weil dazumal, wie bekannt, viel Eifersucht zwischen Bremen und Hamburg war wegen der Bierausfuhr, so trank er doch in seiner Herzenszufriedenheit mehr, als ziemlich war, dergestalt, daß er sich von Tylo Bodendorp hinreißen ließ, mit einzustimmen, als dieser ehrlich bekannte, daß solch Essen ein schier kaiserlich Mahl und das Bier eine sonderliche Hoheit der Stadt Hamburg und gänzlich ohnegleichen sei. Und nach wohlbeschlossener Mahlzeit schieden sie von einander, und jeder zog in seine Stadt.

Was von dieser Geschichte zu halten, solches mag dem gewissenhaften Ermessen des Lesers überlassen bleiben. Inzwischen wäre wohl der kluge Hinrik Bersing an den alten Spruch seines Stadttores zu erinnern:

«Bremen, wes' bedächtig,
Lat nich mehr in, denn du bist mächtig.»

Und den guten Tylo Bodendorp möchte man trösten wegen der bremischen Herren Gold und Pelzwerk mit dem Denkvers:

«Was willt du begehren mehr,
Denn die alte Lübsche Ehr'!»

Schließlich aber ist zu merken, daß jedwede der drei Städte gut ist und für ihren Bürger allemal die beste.

OTTO BENEKE

Klaus Störtebeker und Godeke Michels

Unter den Vitalienbrüdern, diesen verwegenen Seeräubern der nordischen Meere gegen Ende des vierzehnten Jahrhunderts waren etwa seit 1394 Klaus Störtebeker und Godeke Michels die hervorragendsten Anführer. Vitaliner, Vitalianer oder Victualienbrüder nannten sie sich nach ihren Vorwesern im Handwerk, welche anfangs, beschirmt von der Hansa, der belagerten Stadt Stockholm Lebensmittel seewärts zugeführt hatten. Ihre Kapereien gegen die Feinde der Hansa und Schwedens arteten aber nach jenem Frieden, der dieses Reich mit Dänemark und Norwegen vereinigte (der Calmarschen Union 1397), in allgemeine Seeräuberei aus, unter welcher Handel und Schiffahrt aller Staaten des Nordens empfindlich litten. Es war eine wahrhaft furchtbare Genossenschaft, zu der sich die Abenteurer aller Länder, kriegs- und seekundige, kühne und kräftige Männer, von Kampf- und Raublust getrieben, zusammenfanden, um mit gleichen Pflichten auch gleiche Rechte auf gemeinsame Teilung der Beute zu übernehmen, woher sie sich auch «Likedeeler» nannten. Sie waren so überzeugt von ihrer Berechtigung zum Seeraub, daß z. B. zehn ihrer Hauptleute, worunter zwei Ritter, in Stockholm eine Messe gestiftet hatten zu ihrer und König Albrechts Ehre; sie waren so zahlreich an Schiffen und Mannschaft und so wohlgeordnet, daß sie eine Stadt wie Bergen in Norwegen erobern und ausplündern konnten, daß keine Niederlage sie vernichten zu können schien, daß ein Deutsches Ordensritterheer von 4000 Mann sie nur von der Insel Gotland und etwa aus der Ostsee vertreiben konnte; sie waren so mächtig, daß Staaten mit ihnen um Waffenstillstandsverträge unterhandelten und daß es eines förmlichen hansischen Krieges wider sie bedurfte. Und in diesem Kriege war den hamburgischen Waffen der Ruhm vorbehalten, durch fortgesetzte Kämpfe und Siege, wie durch Ergreifung ihrer Hauptführer, dem ganzen jahrelangen Piratenwesen ein Ende zu bereiten.

Klaus Störtebeker ist – so erzählt die Sage –, bevor er ein Seeräuber geworden, ein Edelmann gewesen und zu Halsmühlen bei Verden geboren. Es behaupten freilich auch an der Ostsee viele Städte und Orte, daß er dort geboren sei, z. B. Wismar, aber das mag hier unerörtert bleiben. In seinen jungen Jahren hat er lustig gelebt, hat Fehden ausgefochten, turniert und gerauft, dabei geschmaust und gezecht, und darnach in Hamburg mit andern wilden Gesellen so lange bankettiert und gewürfelt, bis er Hab und Gut verpraßt hatte. Und wie ihm nun zuletzt die Hamburger, Schulden halber, sogar sein ritterlich Gewand und Rüstzeug genommen und ihn der Stadt verwiesen haben, da ist er unter die Vitalienbrüder gegangen und ein Seeräuber geworden, wie vor ihm noch keiner gewesen ist.

Derzeit war das Haupt derselben Godeke Michels (nach heutiger Art zu sprechen: Gottfried Michaelsen), ein tapferer, gewaltiger Mann, auch guter Leute Kind, über dessen Heimat sich Holstein, Mecklenburg, Pommern und Rügen streiten; andere aber nennen eine verfallene Burg bei Walle im Verdenschen als seinen Geburtsort. Der hat den neuen Genossen mit Freuden aufgenommen; und nach abgelegten Proben seiner ungemeinen Kraft (denn er hat eine eiserne Kette wie Bindgarn zerreißen können) wie auch seiner Unerschrockenheit und Tapferkeit hat er ihm gleich ein Schiff untergeben und hernach den Oberbefehl über die ganze Verbrüderung mit ihm geteilt. Und weil der neue Genoß, der seinen adligen Namen abgelegt, ein so unmenschliches Trinken in der Gewohnheit hatte, daß er die vollen Becher immer in einem Zuge, ohne abzusetzen, hinunterstürzen und dies Becherstürzen täglich unzählige Male wiederholen konnte, so nannte man ihn den Becherstürzer, oder plattdeutsch Störtebeker.

Als die Raubgesellen einstmals die Nordsee recht rein geplündert hatten, fuhren sie nach Spanien, um dort zu rauben. Störtebeker und Godeke Michels machten wie immer gleiche Teile der Beute, nur die Reliquien des heiligen Vincentius, die sie aus einer Kirche genommen, behielten sie für sich und trugen sie seitdem unter ihrem Wams auf der bloßen Brust. Und daher ist's gekommen, daß sie hieb- und schußfest gewesen sind; kein Schwert und Dolch, keine Armbrust, Büchse oder Kartaune hat sie je verwunden, geschweige denn töten können – so ging die Sage.

Nach ihrer Vertreibung aus der Ostsee haben sie von ihren Schlupfwinkeln auf Rügen und anderen Orten lassen müssen. Darauf haben sie aber in Ostfriesland gute Freunde gewonnen und dort ihren Raub bergen und verkaufen können. Sonderlich bei Marienhaven haben sie viel verkehrt, und daselbst gibt's noch viele Erinnerungen an Störtebeker. Der Häuptling, Keno then Brooke, wurde sein Schwiegervater, denn die schöne Tochter desselben verliebte sich in den kühnen, mächtigen Mann und folgte ihm auf sein Schiff und in sein schwankend Reich.

Wenn Störtebeker Gefangene machte, die ein Lösegeld versprachen, so ließ er sie leben. Waren sie aber arme Teufel und alt oder schwächlich dazu, so wurden sie gleich ohne weiteres über Bord geworfen. Erschienen sie ihm jedoch tüchtig und brauchbar, so machte er erst eine Probe mit ihnen. Wenn sie nämlich seinen ungeheuren Mundbecher voll Weins in einem Zuge leeren konnten, dann waren sie seine Leute, dann nahm er sie als Gesellen an. Die es aber nicht konnten, die wurden auch abgetan.

Vermeintliches Porträt von Klaus Störtebeker
(Kupferstich von Daniel Hopfer, um 1520)

Störtebeker und Godeke Michels haben auch zuweilen Reue über ihr Leben gefühlt. Und deshalb soll jeder von ihnen dem Dom zu Verden sieben Fenster, zur Abbüßung ihrer sieben Todsünden, geschenkt haben; das Störtebekersche Wahrzeichen, zwei umgestürzte Becher, ist in einem dieser Fenster angebracht. Auch Brotspenden an dortige Arme haben sie gestiftet. Und hierin finden viele eine Bestätigung der Angabe, daß beide Verdensche Landeskinder gewesen seien.

Im Jahr 1400 nun ließen die Hansen eine Flotte nach Ostfriesland gehen, um dem Unwesen zu steuern. Die Hamburger Schiffe befehligten die Ratsherren Albert Schreye und Johann Nanne. Sie besiegten die dort liegenden Vitalianer, erschlugen viele Raubgesellen und übten Standrecht an den Gefangenen. Dann eroberten sie Stadt und Burg Emden und legten hansische Besatzung hinein. Auch Keno then Brooke mußte seine Burg zu Aurich abtreten, weil er's, gegen frühere Zusage, doch wieder mit Störtebeker gehalten hatte, und mußte dann nach Lübeck gehen, sich zu entschuldigen beim Hansatage.

Nun heißt es: Wie die beiden hamburgischen Ratsherren soeben den neuen Friedensvertrag mit Keno abgeschlossen und die Halle verlassen hätten, da sei Störtebeker aus seinem Versteck hereingetreten und habe sich mit dem alten Keno über die Hamburger Herren lustig gemacht, die sich wieder von ihnen anführen ließen. Indem aber sei Herr Nanne, der seine Handschuhe vergessen gehabt, unversehens in die Halle zurückgekommen und habe die neue Verräterei gemerkt. Darum sei auch alsbald der Krieg wieder ausgebrochen.

In der Tat hat noch in demselben Jahre die hansische Flotte einen neuen Sieg über die Vitalianer erfochten, wobei ihrer 80 geblieben, 30 aber gefangen und in Hamburg am Grasbrook enthauptet worden sind. Die Köpfe wurden auf Pfähle gesteckt. Eben so gewiß ist's, daß 1401 wiederum die hamburgischen Schiffe unter den Ratsherren Nicolas Schocke und Hinrich Jennefeld den Seeräubern in der Weser eine Niederlage beigebracht und 73 Gefangene gemacht haben, welche (so viele ihrer nicht unterwegs an ihren Wunden verstorben waren) ebenfalls am Grasbrook enthauptet worden sind.

Aber solange Störtebeker und Godeke Michels am Leben waren, durfte man im Kampf nicht nachlassen. Darum wurde 1402 aufs neue eine hamburgische Flotte ausgerüstet unter dem Oberbefehl der eben genannten Ratsherren. Das Hauptschiff hieß «die bunte Kuh» oder, wie es in einem alten Volkslied genannt wird: «Die durch das Meer brausende *bunte Kuh* aus Flandern mit den starken Hörnern». Dies Schiff befehligte ein junger Seeheld, vielleicht auch Eigner des Schiffes, der sich unsterblichen Ruhm bei den Hamburgern erworben hat: *Simon von Utrecht.*

Die Vitalianer lagen bei Helgoland, wo sie auf die Hamburger Englandsfahrer lauerten, welche nun von den Kriegsschiffen begleitet in See stachen.

Gegen Dunkelwerden näherte sich die hamburgische Flotte. Es heißt: da wäre ein Blankeneser Fischer in seiner Jolle heimlich in das Hinterteil des größten der Piratenschiffe gekommen und hätte geschmolzenes Blei in die Angelröhre des Steuerruders gegossen, wodurch dieses festgelötet, also unbrauchbar gemacht sei.

Am andern Morgen aber begannen die Hamburger den Kampf; das alte Volkslied sagt, der Kampf habe drei Tage und drei Nächte gedauert; jedenfalls erst nach langer verzweifelter Gegenwehr Störtebekers und seiner Genossen (welche das ihnen als Gefangenen bevorstehende Los zu gut kannten, um nicht ihr Leben so teuer als möglich zu verkaufen) neigte sich zuletzt ein vollständiger Sieg auf die Seite der Hamburger.

Die «bunte Kuh» unter Simon von Utrecht verrichtete Wunder der Tapferkeit; sie ging «brausend durch die wilde See» und rannte mit «ihren starken Hörnern» gleich das erste Piratenschiff so kräftig an, daß dessen Vorderkastell

«Bunte Kuh», Kogge der Hansa, um 1400
(Gemälde, um 1900)

zerbarst. Das Nähere von Simons und der übrigen Hamburger Taten ist uns nicht aufgezeichnet, nur der glorreiche Erfolg dieses Seetreffens. Ein Teil der Feinde entfloh beizeiten; viele der Piraten waren erschlagen oder ins Meer geworfen; ihre Schiffe wurden mit reichen Ladungen an Tuch, Wachs, Baumwolle usw. erbeutet; als höchster Siegespreis aber durfte die Gefangennehmung des unverwundbaren Störtebekers gelten, der mit einem Unterbefehlshaber Wichmann und 70 Gemeinen in die Hände der Hamburger fiel.

In Hamburg machte man, kraft des vom Kaiser verliehenen Blutbannes über Seeräuber, kurzen Prozeß mit den Gefangenen. Störtebeker saß in einem Keller des Rathauses, der, solange dasselbe gestanden hat, «Störtebekers Loch» genannt worden ist. Die Sage erzählt: Als man sein Todesurteil ihm verkündet, hat er nicht gern daran gemocht und hat für Leben und Freiheit dem Rat eine goldene Kette geboten, so lang, daß man den ganzen Dom, ja die Stadt damit umschließen könne; die wolle er aus seinen vergrabenen Schätzen herbeischaffen. Der Rat aber hat solch Anerbieten mit Entrüstung von sich gewiesen und der Justiz freien Lauf gelassen.

Schon folgenden Tags fand die Hinrichtung auf dem Grasbrook statt. Das Volkslied sagt, daß diese 72 wilden verwegenen Gesellen, die, ihrer Bitte gemäß, im besten Gewande so stattlich und mannhaft hinter Trommlern und Pfeifern in den Tod geschritten, von den Weibern und Jungfrauen Hamburgs sehr beklagt seien. Der Scharfrichter Rosenfeld enthauptete sie und steckte ihre Köpfe auf Pfähle hart am Elbstrande.

Der Sage nach durchsuchten die Hamburger Störtebekers Schiff besonders eifrig nach seinen ungeheuren Schätzen. Außer einigen Pokalen und anderem Gerät fanden sie aber anfangs nichts, bis endlich ein Zimmermann, der mit der Axt zufällig gegen den Hauptmast schlug, eine Höhlung darin entdeckte, welche voll geschmolzenen Goldes war. Von diesem Schatz wurden die beraubten Hamburger Bürger entschädigt und die Kosten des Kriegszuges bezahlt, von dem Überrest aber, so heißt es, ließ der Rat eine schöne goldene Krone für den St. Nicolai-Kirchturm anfertigen; als um 1500 dieser Turm abgebrochen wurde, da soll die Krone auf den St.-Katharinen-Turm gekommen sein, der allerdings um 1602 schon eine Krone getragen hat, aber keinenfalls die jetzige, die erst 1656 vom Oberalten Hermann Rentzel geschenkt worden ist.

Aber noch war Godeke Michels mit dem Rest der Vitalienbrüder zu vertilgen. Gleich nach Störtebekers Hinrichtung liefen die Hamburger wieder in die Nordsee, um ihr Werk zu vollenden. Wiederum war es Simon von Utrecht auf seiner «bunten Kuh», dem nach den alten Berichten der Preis auch dieses Seezuges gebührt, der mit völliger Niederlage der Piraten endete. Unter den 80 nach Hamburg gebrachten Gefangenen war Godeke Michels mit seinem Unterhauptmann Wigbold, einem gelehrten Magister der Weltweisheit, der seinen Stand auf dem Rostocker Katheder mit dem Schiffskastell vertauscht hatte.

Auch diese 80 Seeräuber wurden ebenso wie ihre früheren Spießgesellen auf dem Grasbrook enthauptet. Das Volksbild sagt ungefähr:

Der Büttel, der hieß Rosenfeld,
Der hieb so manchen stolzen Held
Zu Tod'mit frischem Mute;
Er stund wohl in geschnürten Schuh'n
Bis an die Enkel im Blute.

Die Sage geht noch weiter. Als der Ehrbare Rat, welcher der Hinrichtung beigewohnt, die schwere Arbeit des Scharfrichters wahrgenommen, da habe er ihn nach Vollendung derselben teilnehmend gefragt: ob er sehr ermüdet sei? Darauf soll Rosenfeld gar grimmig gehohnlacht und trotzig gesagt haben: Es sei ihm nie wohler gewesen und er habe genug Kraft, um noch den ganzen Rat ebenfalls zu köpfen! Wegen welcher höchst verbrecherischen Antwort

E. E. Rat sehr entsetzt gewesen sei und den Kerl sofort habe abtun lassen.

Störtebekers Andenken haben noch verschiedene in Hamburg als Kuriositäten und Merkwürdigkeiten aufbewahrte Dinge frisch erhalten. Eine kleine Flöte oder Pfeife, mit der er auf dem Schiff im Sturm oder Kampf seine Signale gegeben, soll früher nebst dazugehöriger silberner Halskette in der Kämmerei gewesen sein. Eine 19 Fuß lange eiserne Kanone (sogenannte Feldschlange) sowie Störtebekers Harnisch hat man im vormaligen Zeughaus bewahrt. Das Richtschwert Meister Rosenfelds wurde früher gezeigt im Arsenal des Bürger-Militärs. Eine kleine Holzfigur, einen Neger darstellend, zeigte man als «Störtebekers Pagen» in der Schiffer-Gesellschaft, beim Brand von 1842 ist sie abhanden gekommen. Auch gab's im Zeughaus eine Kanone, welche auf ihrem Schwanzstück zwei Männerköpfe wilden Ansehens zeigte, die man für die Bildnisse Störtebekers und seines Kumpans hielt und nach ihnen die Kanone benannte. Sie wurde noch 1686 auf den Wall gebracht und gegen die dänische Belagerungsarmee gebraucht. Sie soll aus den eroberten Störtebekerschen Stücken gegossen gewesen sein.

Als größte Merkwürdigkeit Hamburgs aber und als zweites Wahrzeichen der Stadt (das erste und vornehmste war der Esel mit dem Dudelsack im Dom) galt der sogenannte Störtebeker, ein silberner Becher, aus dem er getrunken haben soll. «Wer nach Hamburg kommt und sollte nicht in die Schiffer-Gesellschaft gehen, damit er aus Störtebekers und Godeke Michels' Becher trinke und seinen Namen in das bei dem Becher befindliche Buch schriebe, der wäre nicht in Hamburg gewesen», heißt es in einem alten Buch, betitelt: «Die lustige Gesellschaft». Auf dem Becher, der etwa 1 ¼ Elle hoch ist und vier Bouteillen faßt, ist eine Seeschlacht dargestellt, die mit dem andern Bildwerk darauf Störtebekers Leben andeuten soll. Er ist aber, wie schon die darauf eingegrabenen schlechten hochdeutschen Verse lehren, später angefertigt und sicher nicht von ihm gebraucht worden. Er befindet sich jetzt im Schiffer-Armenhaus.

O Hamburg, du gewannst den Preis!
Die Räuber all' sind haufenweis'
Durch deinen Sieg gestorben.
Nimm hin das güld'ne Lorbeerreis,
Den Ruhm hast du erworben!

EMANUEL GEIBEL

Eine Seeräubergeschichte

Wir hatten Öl geladen und Korinthen
Und segelten vergnügt mit unsrer Fracht
Von Malta auf Gibraltar, Jochen Schütt,
Der Lübsche Capitän, mit fünf Matrosen,
Und ich, Hans Kiekebusch, als Steuermann.
Der Wind blies lustig und wir waren schon
Sardinien vorbei, als hinter uns
Nordosther ein verdächtig Segel aufkam,
Das wie mit Siebenmeilenstiefeln lief.
Bedenklich kuckte Jochen Schütt durchs Glas
Und schüttelte den Kopf und kuckte wieder,
Und immer länger ward sein schlau Gesicht.
Verdammte Suppe! brach er endlich los,
Der Haifisch soll mich schlucken, wenn das nicht
Tuneser sind, Spitzbuben, die's auf uns
Und unsern schmucken Schoner abgesehn!
Bei Gott, jetzt heißt es: Alles Weißzeug los
Und stramm gesegelt!
  Leider war's zu spät.
Ein Viertelstündchen noch, da wußten wir,
Daß Flucht unmöglich. Gleich darauf auch ließ
Das Kaperschiff die rote Flagge schon
Vom Topmast fliegen, und ein Schuß befahl
Uns beizulegen. An Verteidigung
War nicht zu denken: Sieben waren wir,
Die höchstens sonntags mal im Lauer Holz
Mit Schrot geknallt, und drüben an die Vierzig,
Verwegnes Raubvolk insgesamt, auf Mord
Und Totschlag eingeübt, wie wir aufs Kegeln.

Mit einer einz'gen Salve hätten sie
Uns weggefegt; drum hieß uns Jochen Schütt
Geruhig bleiben und ihn machen lassen.
Ein Stückchen, meint' er, hab' er ausgedacht,
Das uns vielleicht noch aus der Dinte hülfe.
Zwar spiel' er auf *Va banque* damit, indes
Am Ende sei'n wir Christenmenschen doch,
Und Gott im Himmel könn' ein Einsehn haben.
So brümmelnd stieg er zur Kajüt' hinab
Und nahm die andern mit; nur mir befahl er
Auf Deck zu bleiben und dem leidigen
Besuch, als käm' er auf ein Frühstück bloß,
Mit Höflichkeit zu ihm den Weg zu weisen.

Mir schlug das Herz bis an den Hals, als nun
Mit jeglicher Minute der Corsar
Uns näher rückte. Bald erkannt' ich schon
Die Fuchsgesichter mit den Rattenzöpfen,
Das Negervolk, das in den Tauen hing.
Jetzt sah ich, wie solch rotbekappter Schuft
Den Enterhaken hob, jetzt machten's ihm
Zehn andre nach und jetzt – ein einz'ger Schlag,
Ein ungeheurer Ruck, und Bord an Bord
Mit dem Tuneser lagen wir.
    Ein Mohr,
Die breite Kling' im Maule, sprang zuerst
Auf unser Schiff, dann kam der Hauptmann selbst,
Einäugig, stachelbärtig wie ein Kater,
Am grünen Bund den Halbmond von Rubin,
Und dann die andern, meist ein quittengelb
Zerlumpt Gesindel, doch mit langem Rohr,
Mit Beil und Messer Mann für Mann versehn.
Mir lief's den Rücken kalt wie Eis hinab.
Doch macht' ich nach des Capitäns Geheiß

Den schönsten Bückling und, verbindlich dann
Den Weg anzeigend, fuhr ich wie ein Kellner
In Sprüngen die Kajütentrepp' hinab.
Auch poltert' es alsbald mit schwerem Tritt
Mir nach und, ein Pistol in jeder Hand,
Trat Meister Einaug' in die Tür, doch blieb er,
Als er sich umsah, wie ein Zaunpfahl stehn.
Denn vor ihm saß, den Hut auf einem Ohr,
Aus kurzer Pfeife Dampf und Funken paffend,
Auf offner Pulvertonne Jochen Schütt,
Und ringsumher lag wie ein Zauberkreis
Ein breiter Streif von Pulver aufgestreut.
Wir standen hinter ihm und mucksten nicht;
Er aber, ruhig sitzen bleibend, tat,
Als wüßt' er gar von keinem Harm, und sah
Den Türken an und sagte: Guten Tag!
Was steht zu Diensten, wenn ich bitten darf?
Und als nun der sich wie ein Puterhahn
Aufplustert und in seinem Kauderwelsch
Zu kollern anfängt und, wie das nicht fleckt,
Die Zähne weist und mit Gebärden droht,
Sagt Jochen Schütt: Ja, Türk'sch versteh' ich nicht,
Mein lieber Herr; doch *parlez vous français*?
Und dazu pafft er toller stets und macht
Den Meerschaumkopf wie einen Schornstein sprühn,
Daß mir, bei Gott, schon daucht, wir fliegen auf.
Das schien denn unserm Rinaldini auch
Ein schlechter Spaß; er wurde grün vor Wut,
Und plötzlich macht' er kehrt und schoß hinaus.

Nun ging ein heftig Schnattern droben an,
Und dann ein Poltern, Schieben, Ziehn und Winden,
Als kehrten sie vom Schiffsraum bis aufs Deck
Das unterste zuoberst, während wir

In tausend Ängsten wie die Hühner uns
Um unsern Capitän zusammendrückten,
Der keine Silbe sprach und langsam nur
Fortqualmte. Zwar die Ladung, wußten wir,
War gut versichert, doch wir fürchteten,
Die Heiden würden, wenn sie's ausgeraubt,
Das Schiff aus purer Bosheit sinken machen,
Und dann, ihr Lübschen Türme, gute Nacht!
So ging ein langes banges Stündlein hin.
Da plötzlich hörten wir durch all den Lärm
Die Bootsmannspfeife kreischen, ein entsetzlich
Gedräng' entstand an Bord, wie Flucht beinah,
Und kurz darauf geschah ein Stoß und Rauschen,
Als riss' ein Donnerwetter Schiff von Schiff;
Und dann mit eins war's still. Wir warteten
Ein Weilchen noch und horchten, doch es pfiff
Auch nicht die Maus im Loch; kein Zweifel mehr,
Sie waren fort. –
Was nu? sprach Jochen Schütt,
Die Luft an Bord scheint wieder klar zu sein,
Ich denk, wir sehn uns mal den Schaden an;
Und stieg hinauf aufs Deck, und wir ihm nach.

Da sah's denn gräulich aus. Im großen Stall
Der Arche Noäh war nicht solch ein Wust,
Als aller Welt Getier das Schiff geräumt.
Packstroh und Scherben rings, Korinthenfässer,
Ölpiepen, Werkzeug, Zwiebeln, Kochgerät,
Im tollsten Wirrwarr alles durcheinander,
Als wär' in allerbester Arbeit just
Das große Plünderfest gestört. Und so
Verhielt sich's auch. Denn von Nordosten kam,
Indes der Türk, wie ein gejagter Habicht,
Nach Süden fortschoß, eine englische

Fregatt' heran mit vollem Wind und ließ
Die blaubekreuzte Flagge lustig wehn.
Das gab ein Jubeln, ein Umarmen jetzt!
Der Schiffsjung fiel auf seine Knie, der Koch
Der letzt in Portsmouth überwintert, schwang
Die Zipfelmütz' und sang *God save the king!*
Doch Jochen Schütt nahm eine Zwiebel auf
Und roch daran und niest'; ich merkt' es wohl,
Wir sollten ihn nicht weinen sehn. Dann zog er
Den Hut und sprach: Nun danket alle Gott!
Heut tut mir's leid, daß ich nicht singen kann,
Weil ich beim alten Haase Schulen lief.
Den Engelsmann schickt uns der Himmel selbst.
Auch keinen roten Sechsling gab ich mehr
Für unser Leben, blieb er aus. Nun lief's
Noch gnädig ab. –
    Ein wahrer Segen auch,
Sagt' ich, Cap'tän, daß euch das Pulver einfiel,
So kam uns selbst der Engelsmann zu spät.
Ja, Pulver! lacht' er, und die Schlauheit blitzt'
Ihm aus den Augen, Pulver! Hat sich was!
Wir haben keine zwanzig Schuß an Bord.
Das schwarze Zeug, wovor der Heidenkerl
Die Angst gekriegt, war – Rübsaat aus Schwerin,
Und mein Canarienvogel frißt davon.
Ein richt'ger Mann muß sich zu helfen wissen,
So hilft ihm Gott wohl auch. – Und nun seht nach,
Ob uns das Volk auch überm Rum gewesen.
Ich denk', ein Schluck soll gut tun auf den Schreck.

HANS LEIP

Auf Schiffstauen geboren

Lambert war von jenen unverschlafenen Feiertagen an und obwohl er glaubte, nun mit Recht nichts als ein Schiffszimmerer zu sein, ein anderer geworden. Er sah sich mit wachen Sinnen um; es strömten die viel verzweigten Erscheinungen und Zeitenläufte ungerufen auf ihn ein, aber sie warfen ihn nicht aus den Schuhen, sie glitten an ihm hin, und er nahm sie mit gleichmäßigem Genusse wahr und niemals mehr mit solcher Erschütterung wie den Tag, da er die Kunst entdeckte und vermeint hatte, er könne nun gleich an Bord steigen und in die Geheimnisse der Schöpfung einsegeln, als sei es nicht schwerer als elbabwärts gen See. Denn das Segeln, wie es mit Ruder und Schot geübt wird, das lernte er nun ohne Schwierigkeit, die Zeit des Schlafens war vorbei für ihn, und er füllte seine Feiertage angemessen aus, wie es der gröblichen Kraft seiner Meinung nach entsprach, saß auch manchmal mit Werftgenossen in der Taverne zu den drei Fischen und vertrug seine gute Kanne voll des rötlichen süßherben heimischen Gebräus. Wer zahlt, kann auch trinken, und wer beim Bier sitzt, darf auch mitfechten im Tischturnier der Buben und Könige, wo auch Damen und Herzen und Schellen und Klee zu Hieb und Stich gelangen, und darf auch sein Teil mit einfügen in das Kartenhaus der Ansichten und Meinungen, das über allen Biertischen gewichtig sich baut und nichtig zerpurzelt. Und er redete munter daher über der Engländer neuerliche Anmaßung, mit der sie über Island hergefallen, und gab den Dänen völlige Absolution, daß sie sich weidlich gerächt und den Briten auf die frechen Tatzen geklopft hatten und für jeden erschlagenen Bauern drei an die Rah geknüpft und für jeden verwüsteten Hof drei Schiffe gekapert oder versenkt. Und wenn der Engelsmann nun in Wut sich umsah, an wem er sich besser entschädigen könne als an dem Hannemann, und ausgerechnet auf das Nächstliegende verfiel und sich des hansischen Kontors zu London bemächtigte ... der Dreigeschwänzte sollte ihn lebendig an kleiner Flamme rösten!

Und Lambert stimmte hoch ein in das Vivat auf die Hanse, die, auch nicht faul, nun das wahr machte, was die englische Krone perfide aus der Luft gegriffen, nämlich, daß sie den Dänen Beistand geleistet habe in der Kaperung – obwohl es ein Wunder war, daß die Dänen derlei allein fertig gebracht. – Und noch mehr, die Hansen, die Hamburger und Lübecker voran, fielen über die englische Küste her, und niemand konnte ihre Landung hindern, und sie sengten und plünderten genau so rücksichtslos, wie sich das hehre Albion andernorts es glaubte leisten zu dürfen. Rumms, stoppten sie auch mit ihrer Flotte den ganzen englischen Handelsweg im Kanal und zogen schon auf London, und ein Danziger – dreimal hoch der tapfere Held, dieser Schluck dem wackeren Kapitän Beneke, und dieser und noch ein Schluck! – Paul Beneke also, der sollte nun gar den englischen König selber abgefangen haben, als der vor dem eigenen Bruder gen Brabant floh.

Was konnte Lambert und was die kleinen Tavernen am biederen Hafen zu Hamburg von dem anschwebenden Umbruch der Welt groß ahnen. Er schrie munter mit und vornean im Lebehoch und Nieder der anderen, und wenngleich er manches so deutlich sah wie die gemalten Kaiser am Rathaus, so blieb ihm die Kraft, mit eigenem Urteil Gut und Böse zu unterscheiden oder gar neu zu finden, versagt, und deshalb war er bei Mitarbeitern und Vorgesetzten beliebt, denn es war nicht zu befürchten, daß er unbequem werde, wenn man seine gelegene Art als vorbildlich belohnte. Somit stieg er, wenn auch nach geraumeren Jahren als die meisten, zum Gesellen in seinem ehrbaren Handwerk auf und durfte das wohl rechtschaffen verdient heißen. Da erst kam die herrschsüchtige Art, die er als Junge gern gezeigt, wieder leise zum Vorschein, und die Lehrlinge hatten es nicht sanft bei ihm.

Eines Abends nun, da er aus dem Werfttor trat und den schweren Riegel vorschob und das Hängeschloß davorschnappte, abschloß, wie es ihm die Woche zukam, und den Schlüssel in die Tasche der weiten trefflichen Arbeitshose steckte, die er sich, wie manches andere, neu zugelegt, sah er nach Gewohnheit gen Westen den Strom hinunter, was da in der absinkenden Sonne noch aufkreuzen mochte. Es war aber freilich leer in der großen Weite. Nur bei den Fischerkaten am Brookrande kam ein braunes Ewersegel gerade steglängs. Lambert ging aber die blanke Wiese hinüber, nicht ohne sein rotes Halstuch wegen des dort weidenden Bullenkalbes mit der Hand zu bedecken. Das Halstuch war auch neu, obwohl er in der Jugend solcherlei gehaßt hatte, jetzt aber tat er es wegen der Mode. Und wenn seine Mutter auch darüber lächelte, so wollte er ihr trotzdem ein paar frische Bütt oder Schellfische mitbringen.

Karsten Pieling, der Buttfischer, hatte die Bünn bloß voll Aal und Neuigkeiten, und wenn er auch die Worte nur als Einzelgänger aus der Mundecke entließ, so erfuhr Lambert Abdena doch genug, um auf dem Heimweg innerlich lebhaft bewegt zu werden.

Den andern Morgen, es war noch nicht lange nach Mitternacht und noch duster, da war Lambert schon hellwach auf und schälte sich in sein Sonntagszeug, in die langen wollenen Strümpfe, die violetten kurzen Pluderhosen, das scharlachrote samtene Wams, das noch nicht ganz bezahlt war, und den grauen Saffiangürtel, von dem er die immer noch beliebten kleinen Schellen abgetrennt hatte, weil seine Mutter sie zu auffällig fand und sie sich lieber an die Haube nähte. Zu seiner Genugtuung hatte der Schuster gerade noch tags vorher ein paar längst bestellte Schuhe abgegeben, auch aus grauem Leder, die zwar nicht ganz zu den selbstgestrickten blauen Strümpfen paßten, aber so fein empfand Lambert nicht, er hielt es für höchst witzig, auf welch bedeutendem Fuß er nun in eine gewagte Zukunft zu schreiten hoffte. Sebalda rief ihm von ihrem abseitigen Bett aus ängstlich zu, als sie merkte, daß es bei ihm mehr als etwa Bauchgrimmen von dem fetten Aal sei, das ihn hochgetrieben. Er bat sie, sie möge sich nicht um ihn sorgen, sie könne ihm aber den Gefallen tun, im Laufe des Tages auf der Werft Bescheid zu sagen, er habe in wichtigen Sachen nach außerhalb fahren müssen.

Nun kam Sebalda hoch und raffte das Überlinnen um ihr schmächtiges Gebäu, denn sie schlief wie jedermann und kannte noch kein Nachtgewand. Jedoch Lambert war schon davon, pfeifend wie die Krammetsvögel im Eichholz. Sie rief aus dem Fenster hinter ihm her, er solle das Maulspitzen lieber lassen, die Mäuse, die am Morgen pfiffen, säßen den Abend im Schnapp. Aber er war schon unterm Frührot davon.

Er segelte mit Karsten Pielings Kahn mit der Ebbe nach Stade, wo, wie der Fischer berichtet hatte, der berühmte Danziger Konvoy-Kapitän Beneke eingelaufen war mit seinem Dreimaster «Peter von Danzig», eine englische Galley im Schlepp, ein umgebautes Mittelmeerschiff zu zweihundert Lasten. Lambert wußte selber nicht, was in ihn gefahren sei, daß er plötzlich selber auf eine große Tat auszöge. Noch war auch alles ein Gebrodel munterer Reden und Gegenreden in ihm, wie er sie hier und da aufgeschnappt hatte von Leuten, die im Lande und Auslande herumgekommen waren, von Fuhrleuten, die mit den

Planwagen ihrer Handelsherren bis nach Rußland hinein und bis über Burgund hinaus Straßen und Gebräuche kannten, von wandernden Theriakkrämern, die bis Florenz gewesen waren, allwo das Leben leicht und üppig hergeht und das Geld sich zu Haufen türmt und man es in sogenannten Banken zusammenkehrt, nachzählt, einschließt, bewacht und nach Bedarf wieder ausleiht oder auszahlt an solche, welche die nötigen Scheine vorzulegen wissen. Eine freie, handliche Art, die man auch zu Antwerpen schon einzuführen unternahm. Lambert hatte mit stetig wachsender Aufmerksamkeit vom Biertisch hinübergehorcht in die fremden Gruppen der fahrenden Weltleute. Er hatte wohl auch bescheidentlich ein Wort an die vermögenden Auftraggeber der Werft gerichtet, an die Großen, deren Väter mit Bier und Salz, Pökelfleisch, Hering, Stockfisch, Mastvieh oder den teuren englischen und flandrischen Tuchen ihren Reichtum begründet und die nicht selten sogar studiert hatten. Lambert hatte manch freundliche Belehrung erschnappt, ohne sonderliche Mühe war es ihm zugefallen, zugeweht und hängengeblieben, und seine Phantasie tat ihr Gespinst hinzu, zeichnete ihm freimütig die fehlenden Striche und Farben in das Bild der weiten, bewegten Welt, auf die sein erwachter Geist mit knabenhafter Neugier gerichtet war.

Nun aber hatte er sich selber auch auf den Weg begeben und seilte mit einem Buttkahn in die Erprobung dessen, was in ihm an weltweiter Begehrlichkeit aufgestanden war.

Der frische Morgen hob sich in voller Blüte, da gingen Karsten Pieling und er bei Stader Sand über Stag und stießen rauschend durch die glitzernden Windfüße der Schwingemünde, sahen auch bald vor dem zierlichen Getürm und den Backsteingiebeln der nachbarlichen Stadt die sonnengroßen Marskörbe aufragen und die goldenen Sternknäufe darüber mit den blauen und goldenen Wimpeln, die sich im Winde bäumten und vielfältig bogen wie die Spruchbänder, die auf den Altarflügeln aus den Mündern und Händen der Heiligen flattern, sahen quer darunter die gewaltigen Rahen mit den aufgetuchten Segeln, die gleich dicken bunten Wolken daran hingen, zu denen die Wanten wie Himmelsleitern aufwärts führten. Lambert hatte schon manches Schiff mitgebaut und manches fertig und geputzt kommen und gehen sehen, aber keines hatte ihm bislang so großartig gedeucht wie die berühmte «Peter von Danzig», er starrte wie trunken auf die wuchtigen Kastelle vorn und achtern, die schwungvoll aus dem gewölbten Rumpfe aufschwangen, von leuchtenden Wappen geschmückt, von der blanken Bronze der Kanonen überfunkelt, von Flaggen übertanzt. Ihm war, als sei er ein Binnenländer, der aus tiefen Wäldern und Bergen sich aufgemacht hat und an die Küste gepilgert ist und nun zum erstenmal ein Schiff erblickt, zum erstenmal eins der bunten Ungeheuer, die der Mensch erschuf, um durch das grenzenlose Meer zu reiten.

Vier kleinere, weniger reich geschmückte Schiffe lagen wie Vasallen und Vorreiter vorm Bug des großen Schiffes, dahinter aber und noch an der armdicken Schlepptrosse lag der Engländer, eine glatte schmale einseitige Galeere, auf nordische Besegelung umgebaut, doch noch mit Rammsporn und den alten Masten. Diese, die nackt ohne Segel und Flaggen aufstachen, und die halbzerstörten Aufbauten und die zerschossene Laterne waren Zeugnisse eines heftigen Gefechtes.

Karsten Pieling staunte nicht, er hatte die Danziger Flotte schon den Nachmittag vordem aufkommen sehen und suchte nun nach einem Liegeplatz in dem durch die Gäste vollgestopften Hafen, der mehr für Kleinzeug gedacht war. Er knurrte, die Protzen hätten ja auch auf der Reede ankern können. Er törnte sich hinter einige Obstewer und überhörte den ungeduldigen Zuruf Lamberts, der lieber geradewegs an dem Kaper angelegt hätte. Nun mußte er zwischen Kirschkörben und Bergen von Salat sich ans Bollwerk schlängeln. Da geriet er in die stur gaffende Menge, und schon stand auch ein unrasierter einäugiger Bänkelsänger auf seinem Schemel da, der die neueste Heldentat des Danziger Seelöwen zum besten gab, begleitet von seiner Tochter oder wer das blasse Weib sein mochte, das die heisere Fiedel strich.

Noch war nicht an das Hauptschiff heranzukommen. Eine Abteilung der Stadtwache hielt in Kriegsschmuck auf dicken Pferden vor der Gangplanke, da sie, wie man hörte, den Älterleuten der Stader Bierbrauer und einer Abordnung der Blaudrucker das Ehrengeleit gegeben und auf deren Rückkehr von der Begrüßung wartete. Die übrigen

Kogge im Hafen einer Hansestadt
(Lithographie, 1909)

Zünfte hatten ihrer Pflicht dem hohen Besuche gegenüber schon genügt. Hanseatischer Stolz sprach aus aller Blicken, und der Bänkelsänger begann sein Preislied zum sechstenmal von vorn, und keiner war müde, nochmals zu vernehmen, wie Paul Beneke, der starke deutsche Held, der vormals gar den heißblütigen König Engellands, den vierten Eduard, wie eine matte Fliege gefangen, nun diese reiche Galley namens Violence erobert habe. Die burgundische Flagge, darunter sie sich getarnt, sei ihm verdächtig gewesen und er habe sie mit einem Schuß vor den Bug zum Beidrehen gezwungen. Doch wie er mit zwei Leuten zur Untersuchung an Bord gefahren sei, wurde er dort meuchlings überfallen und mußte sich mit kühnem Sprung ins Wasser retten, erreichte dann schwimmend sein Schiff und befahl nun die eigentliche Jagd, die mit einer wohlgezielten Breitseite aus den unvergleichlichen Geschützen seines Peterleins, einer kühnen Enterung und der Niedermachung aller auf der Violence noch lebenden Briten endete.

Inzwischen strömte immer mehr Volks herbei, die ganze Stadt kam festlich bewegt über die Zugbrücke beim Wassertor, und über die Vorländer und Wiesenstege kamen zu Pferd und Wagen und auch übers Wasser mit den platten Milchbooten die Bauern aus den fetten Marschdörfern, obschon erst den Tag vorher Wochenmarkt gewesen, und ihre Kinder, Knechte und Mägde waren diesmal dabei und nicht abzuhalten, so rasch hatte sich der Besuch des ruhmreichen Konvoyschiffes und bis an die Heidewälder hinauf herumgesprochen.

Die Zeit war dumpf, das Leben eintönig, von Behörden- und Sündenangst bedrückt, von Wegelagerei, Pestilenz, Aberglauben und Teufelei allerorts bedroht. Wenige waren glücklich, und die reich genug waren, um glücklich zu erscheinen, verdarben es sich gegenseitig mit Hochmut, Habgier, Prassereien, Ehrenhändeln, Verleumdung, Prozessen und Blutgericht. Die aber die innere Glückseligkeit erwählt zu haben vorgaben, die Geistlichen voran, waren nicht anders mit wenig Ausnahmen, und jene, die es ernst meinten mit sich und der Welt, waren von Zweifeln geplagt und hörten voll Sorge in den wachsenden Streitereien um Nichtigkeiten und im öden Pochen auf vermorschende Rechthabereien das Gefüge alter Ordnungen knistern und knacken.

Was Wunder, wenn der gewöhnliche Sterbliche, und nicht nur der, gierig sich allem Festlichen zustürzte und zumal allen unerwarteten Gelegenheiten, wo er hoffen konnte, seiner in den strengen Bindungen des Alltags unterdrückten und angestauten Lust, die doch in jedem wohnt, Ausweg und Ablauf zu bieten.

Trotz der frühen Stunde glich der Stader Hafenplatz bald einem Jahrmarkt. Wo die Gaffer sich sammeln, sammeln auch bald die Raffer. Von den lauten Schwärmen der Kinder jubelnd begrüßt, fuhren die Kringelbäcker der Stadt mit den schön bemalten Zelten heraus, die sonst nur bei den großen Ochsenmärkten zutage kamen. Kerzengießer, Kammschneider, Peitschendreher, Tütenkrämer folgten, keiner ohne sinnreiche Schilder, Fahnen und Zunftwappen, je greller, desto beliebter. Auch Tante Muttfarken mit ihrem Bauchladen voll Zwirn und Nadeln watschelte herbei und schuf sich Raum mit unnachsichtigem Ellenbogen, und Jochen Knucks, der dürre krumme Stelzfuß, der eine Kiepe voll Kölscher Heiligenbilder loszuwerden sich versprach, hielt sich geflissentlich in ihrem breiten Fahrwasser. Angestrengt kämpften der magere Gesang des Bänklers und die kratzige Fiedel gegen die allseitige betriebsame Regung, es half ihnen nichts, nun rückte die Stadtkapelle mit Schalmeien, Handharfen, Posaunen und Schlagzeug auf einem Krümperwagen an und fuhr sich fest in einem Wirrwarr von Tonnen und Brettern, die sich im

Nu zu Tischen und Tonbänken wandelten und mit Laken bedeckten und mit hundert bunten begehrenswerten Erzeugnissen menschlicher Handfertigkeit und Genußfreude. Schon schlängelten Barfüßermönche murmelnd durch das Gewoge, die Säcklein offen für jede Gabe, und gellend wie der Ruf des Jüngsten Gerichts erscholl die Fanfare des Wunderdoktors, der mit spitzer Mütze, hoch im spanischen Sattel auf apokalyptischem Klepper in die schauernd sich öffnende Gasse ritt, Rücken und Brust und Pferdeflanken behängt mit Plakaten, darauf riesige faulende Backenzähne und, unziemlich entblößt, das leidige Wurmleiden, sowie die Wirkung der schwarzen Pocken erschrecklich dargestellt waren mit beschwörendem Text daneben für den, der gebildet genug war zu lesen, daß die unfehlbare Kur vom Zahnbrechen bis zu jedweder Schmierung und Purgierung ohne Aufschub allhier sogleich beginnen konnte.

Der Mähre drängte sich ein zerlumpter hustender stöhnender Troß von Krüppeln und Bettlern nach, deren kühnste im Gewühl versuchten, dem schon arg gerupften Pferdeschwanz wundergläubig die letzten Haare auszureißen, in gebührender Angst vor dem Stadtbüttel, der wildbärtig hereinwetterte, um den Bierwirten den ihrem Ansehen gebührenden Platz freizufegen. Nun rollten die vollen Fässer vom Wagen, die Zapfen donnerten heraus, der Hahn wurde eingeschlagen, und schäumend floß das begehrte Naß, die ungespülten Becher reisten unermüdlich hin und her, und klimpernd sprangen Pfennige, Groschen und Schillinge von Tasche zu Tasche. Der Schmauch brutzelnder Krapfen und auf offenem Feuer bratender Plietfische wirbelte um die Zaddelkappen der Männer und die breiten schwankenden Weiberhauben und wölkte mit Schweißdunst, Staub und Juchhei hinauf in den blaßblauen Tag und schwang den Reigen der Ausgelassenheit um die rauschenden Flaggen und Wimpel, welche die schon halb vergessene Ursache des Vergnügens waren.

Eine Gruppe Bootsleute und Matrosen, die eben noch fluchend sich mit Frischwasser und Gemüse den Weg zur Gangplanke gebahnt hatten, kehrte, ihrer Pflicht ledig, ins Gewühl zurück, nach süßeren Abenteuern hungrig, als sie hinter sich hatten. Lambert hielt sich dicht bei ihnen, um Näheres zu erfahren, warum es Beneke denn gerade das Nest Stade angetan habe, und es gelang ihm, die rauhen Kehlen der Seeleute mit einigem Doppelbier geschmeidig zu machen, indes deren freie Pranke ohne viel Federlesens den Mädchen um die Hüfte langten, aber er wußte sich die Brocken kargen Berichts aus aufreizendem Gekreisch und bärtigen Beteuerungen ewiger Liebe herauszufischen.

Der Wind hatte ab Borkum allzusteif aus Nord gepfiffen, die grobe See hatte den Weg um Skagen wie eine Mauer versperrt, die weißlich wie von lauter donnernden Abschüssen rauchte. Lambert sah es alles deutlich vor sich. Seine frühe Knabensicht, die webende Frau Phantasie, war ihm heute wieder gnädig; er sah den braven Beneke mit Wucht das Ruder herumwerfen und vor der raumen Windsbraut Kurs auf die Elbmündung nehmen, vier bunte Vorreiter stampfend, schäumend vorauf, dahinter unter den prallen Segelbrüsten die Pracht des Führerschiffes und an der Leine unwillig gierend und bockend die gekaperte englische Prise.

Lambert hatte seine Schätzung fertig. Die Galley sollte verkauft werden, denn sie war leck von etlichen Pfundskugeln, und die Ladung – es handelte sich um englisches Tuch – würde allzu christlich wie die Seefahrt selber, nämlich allzu getauft sein, ehe sie die Ostsee erreicht hätte.

Als er endlich an Bord gelassen wurde, und das nur, weil er sich als Hamburger ausweisen konnte, traf er den Kapitän in unrosiger Laune. Denn die Stader Händler glaubten schlau zu sein, wenn sie ihn zappeln ließen, damit er die Forderung runterschraube, das roch Lambert schnell heraus. Und obschon seine Gurgel belegter als gewöhnlich war vor dem mächtigen Manne, dessen stählerne Pfriemspitzen von Augen ihn in allgemeiner Höflichkeit nur eben ritzten, entgegnete er auf die knappe Frage, was er wünsche, nicht weniger knapp, doch mit einem ihm selber erstaunlichen Unterton von Gewißheit: Ich will die Galley kaufen.

Mit der Ladung? knurrte Beneke und blickte erst jetzt den Mann richtig an, der da so selbstsicher vor ihn getreten war. Er sah gleich, es war kein Kaufmann, der da in munterem Ernste ein kurzes leichtes Jawohl hervorstieß, als handele es sich um ein Lot Unschlitt.

Beneke liebte keine Umschweife. Er nannte eine riesige Kaufsumme. Lambert nickte, zählte dann aber die Schäden an dem Beuteschiff auf. Der Kapitän wollte schon wetterleuchtend abdrehen, aber da war allzuviel Fachkenntnis in dem, was er hörte, und somit blieb er stehen und sah plötzlich mehr aus wie der Hofkoch eines Erzstiftes, er, der so viele ungebeichtete Braten in die Hölle geliefert hatte. Ein Schiffbauer, der Schiffe samt Ladung kauft, das war ihm neu, aber es roch nach Mut und das machte ihm Spaß. Ihm waren solcher Art Leute lieber als die Großkrämer, denen gleich war, ob sie mit Mastvieh oder Drahtbesen handelten, wenngleich es seine Brotherren waren. Über diese seine eigene Beute besaß er aber seine eigene Verfügung bis auf die Anteile, die er zu Danzig abzugeben hatte. Und wie steht es mit Tulifant, dem Goldfasan? fragte er da schon etwas freundlicher, kniff ein Auge gänzlich zu, als wolle er mit dem anderen ihm gutgezielt und nadelspitz auf die Leber fühlen, und rieb sachte den Daumen gegen den Zeigefinger.

Auf Wechsel! erwiderte Lambert schlicht.

Kapitän Beneke war kein Mann, der sich lange wunderte. Auch wollte er gern rasch ab nach Hause; denn schon in Rotterdam, vor der Kaperung, hatte man ihm von der neuen Kunstuhr erzählt, die in der Danziger Marienkirche soeben fertig geworden war. Er selber bastelte in müßigen Stunden an allerlei Uhrwerken und beweglichen Spielzeugen. Liebhabereien nun sind trefflich geeignet, Entscheidungen zu beeinflussen, die aus reiner Sachlichkeit anders gefällt würden oder zumindest sich durch eingehende Prüfung verzögern müßten. Ein Mann wie Beneke jedoch, den nicht zuletzt eine gute Menschenkenntnis und die Witterung für das Dienliche so weit gebracht hatten, durfte sich auf rasche Eingebungen verlassen. Er durchschaute den Anfänger, aber er wollte vermeiden, ihn verlegen zu machen und damit von vornherein den Erfolg zum Scheitern zu bringen, der oft im Schlafwandel der Unbedarften sicherer eintritt als in dem lässigen Witz der Fachleute. Er hätte in diesem Augenblick sogar ohne Bezweiflung und Wimperzucken hingenommen, wenn dieser so stur und aufrecht vor ihm stehende vierschrötige, sichtlich unbeschriebene, aber brennend unternehmungslustige und bestimmt von innen her getriebene Schiffszimmerer ihm weisgemacht, daß er schon Mohren und Türken und die halbe Welt auf Wechsel umgesetzt habe. Und darum sagte er auch nicht väterlich: Gut, geben wir ihm den Vogel! oder so ähnlich und: Geht's schief, geht's! sondern er schlug kurz auf die Tischkante und sagte: Abgemacht!

Lambert fügte schwebend den Namen unter das Papier, das der Schreiber ihm hinschob und dessen flinke Aufsetzung Lambert verfolgt hatte, als wäre der Schreibkiel die Lanze des Erzengels, die mit goldenen Strichen den Weg der Lieblinge des Höchsten in den Himmel zeichnet. Der Kapitän äußerte keine Überraschung, daß der biedere Käufer mit solch grober Werftpfote so gewandt zu unterfertigen verstand. Nur der Schreiber rückte die Brille und stieß den Atem ungläubig durch eine Zahnlücke. Abdena? krähte er und warf den Hahnenschädel beredt zu dem Kapitän herum, der schon die gelben Stulpen überstreifte, um hinauszugehen. Was Abdena! nickte er dem Federfechter zu, fand es dann aber auch bemerkenswert und faßte seinen Schuldner noch einmal scharf ins Auge.

Es mochte ihm etwas Besonderes in der Erinnerung aufsteigen, und doch waren es scheinbar nur die Ohren, die wie Klampen abstanden, so daß man eine Leine hätte daran belegen können. Aber gerade das machte ihm plötzlich klar, warum der junge Mann ihn so ohne weiteres für sich eingenommen habe. Nachdenklich erwähnte er, er habe bis vor kurzem einen Meister Blaubeutel an Bord gehabt, von Danzig her, der so ähnlich geheißen, einen Graubart mit geradezu sehenswertem Ast.

Beneke, seiner eigenen Gerecktheit gewiß, spreizte dabei die schon behandschuhte Flosse wölbend hinters Genick und lachte dröhnend, in körperlichen Dingen ohne Takt. Und Lambert sah runden Auges in ihm plötzlich den verschollenen Vater vor sich stehen und fühlte in dem schmetternden Gelächter das ganze windige Gerüst seiner entschieden allzu hochgefahrenen Anmaßung und Unternehmung ins Schaukeln geraten.

Wohl verwandt, wie? krähte der Schreiber spöttisch. Aber Lambert hielt, was zu halten er für nötig vermeinte, und fuhr mit der Hand, alle Bedrohung ausstreichend, durch die Luft. Beneke war schon wieder ernst. Er klopfte dem in Abwehr verfinsterten Schuldner wohlwollend von seitwärts gegen den Oberarm, schlug dann ein Kreuz und sagte feierlich: Ein wackerer Bursche, wenn er nicht betrunken war, und vorgestern, allen Heiligen Dank, war er nüchtern.

Danach wogte der berühmte Konvoyführer zur Kajütstür hinaus, und das dunkle Blau, in das er von oben bis unten gekleidet ging – bis auf den verschossenen Zobelpelz an seiner Mütze und die hohen braunen, fettglänzenden Stiefel und die Handschuhe – schwang davon in die helle Wandlosigkeit wie eine aufgetürmte Brechersee, die eben vorm Niederprasseln sich verlief.

Mochte der Schreibknecht in der engen Kammer mißtrauisch aufschielen und sogar den Vornamen herausblättern und ihn wie ein Halsrichter auf der Zunge drehen, den verklungenen Namen Dirik, Dirik Abdena, Lambert stellte sich dickfellig und wußte von nichts, in der dumpfen Sorge, das Geschäft könne leiden. Der Schreiber rieb sich die schnablige Nase und gab überdeutlich die Anweisung, wann und wo und wie das Geld zu zahlen sei, und mühte im Sitzen sogar ein paar Finger zum Abschied hoch, legte sogar einen rückziehenden matten Druck in Lamberts treuherziges Zupacken, konnte aber nicht umhin zu erwähnen, er begriffe den Handel nicht ganz, es scheine ein doch wohl allzu üppiger Dank dafür, daß ein buckliger Namensvetter zufällig den tödlich gedachten Streich aufgefangen habe, der dem Kapitän gegolten.

Der Federkratzer maß durch die runden Brillengläser die Beklemmung des vor ihm Stehenden und fügte nach einer Weile hinzu, als habe Lambert nach dem Verbleib des Getroffenen gefragt: Wir haben ihn an einen Groninger Fischer abgegeben. Er war schwer verwundet und nützte uns nichts mehr, und in Groningen gibt es ein kostenloses Spital für Fremde.

Auf Deck brüllte Beneke lebensfroh den Befehl, die Trosse von der Galley zu lösen, und dann ertönten die dünnen Schreie der Bootsmannspfeifen; Füße trommelten allerorten.

Lambert schob sich benommen ins Freie, fand die Gangplanke, wehrlos hin und her gestoßen von den heraufwetzenden Landgängern. Das bunte Marktgewühl schien seine Sohlen nicht zu Boden zu lassen, er fühlte sich auf ungeheuerlicher Seeweite und über ihm kletterten flinker als Eichhörnchen die Gasten in die Rahen, die Segel kamen los, und die Heiligen und Wappentiere darauf krochen aus den Falten hervor und blähten sich riesenhaft über dem ungestümen Kleinzeug der Erde.

Lambert heuerte ein paar Stader Bootsleute, die ihm das gekaufte Schiff an den Hamburger Brook bugsierten. Er wurde in dem Jahre achtundzwanzig und hatte sich also noch eben rechtzeitig entschieden, mehr im Leben anzugeben, als sein bisheriger Werktag versprechen konnte. Das Ungewöhnliche schien zu gelingen. Zwar erhob sich alsbald ein gerechter Unwille über den Außenseiter, der in das Gewerbe anderer Leute eingebrochen war. Aber Lambert übergab Schiff und Ladung auf den Rat seines Oldermannes an die Brüderschaft, der er zugehörte. Und das Schiffbaueramt beauftragte hinwieder ihn, sich des Gegenstandes in Bälde zu entledigen, und es erhoben sich geteilte Meinungen über den Fall, einige wollten die Unverfrorenheit bewundern, andere freuten sich schon, den Übermütigen hineingefallen zu sehen.

Sebalda aber blühte in diesen Tagen auf. Wieder sah sie einen Aufstieg dämmern, und die alten Flammen züngelten erwärmend um ihr Herz. Du bist auf Schiffstauen geboren, sagte sie anheizend zu ihrem Sohn: Ich hab geahnt, eines Tages, da wirst du mehr daraus machen, als bloß deswegen zu schuften, damit andere fahren.

Die Brüderschaft hatte Lambert zwei Gesellen zugeteilt, mit denen brachte er das Schiff in leidlichen Zustand. Es lag neben der Werft am Brookkai. Und nun hauste er schon eine Woche auf seiner Beute, aber die Käufer blieben aus. Er hatte die Tuchballen, die zuunterst gelegen, an Deck gestapelt, das Wetter war günstig geblieben und die

Ware war getrocknet, mochte sie nun gern zu diesem Teil um die Hälfte an den Mann kommen. Die Wache versah er in lauter Besitzersorge auch die Nacht selber, indem er bei offener Kajütstür schlief. Tagsüber schritt er hin und her zwischen den scharf nach Seewasser und Hammeltalg dunstenden Beständen, als sei es auf der Messe zu Leipzig, und baute an einer vagen Zukunft, überzeugt noch immer, daß es leichter sei, mit ein paar schlüssigen Gedankengängen als mit der Hände Arbeit zu Geld und Gut zu gelangen, ja, zurückzugelangen zu jenen sagenhaften Besitztümern, wie sie sein Großvater, nach seiner Mutter Berichten, einstmals in Friesland sein eigen genannt.

ERNST HERING

Die Entstehung des Großhandels

In London bildete der Stalhof den Sammelpunkt eines jahrhundertelangen Wirtschaftsringens der Deutschen Hanse. Ausgangspunkt war die alte Gildehalle der Zöllner, die durch den Ankauf benachbarter Häuser immer größeren Umfang angenommen hatte, bis in der ersten Hälfte des 15. Jahrhunderts die ganze Niederlassung den Namen Stalhof erhielt, der ihr dann geblieben ist.

Die Niederlassung hatte eine vortreffliche Lage oberhalb von London-Bridge, der einzigen Brücke in der Stadt an der Themse; nicht zu weit von der Börse und der Kathedrale entfernt, reichte sie mit ihren breiten Werftanlagen am Flusse weit landeinwärts bis an die Südseite von Thames-Street; im Westen wurde sie von der Gasse Domgate, im Osten vom Allerheiligengäßchen umgrenzt. Sie war festungsartig mit starken Mauern umschlossen und wohl mit dem Artushof zu Danzig und anderen alten Kaufhallen zu vergleichen. Lang dehnte sich nach der Thames-Street die nördliche Front in mehreren Stockwerken mit drei runden, durch Eisenbeschlag gesicherten Pforten. Hoch oben am Dach spreizte der Doppeladler des Deutschen Reiches seine Flügel aus, und wie eine kleine Festung lag die Niederlassung mitten in der Stadt. Die große Halle, die Ratsstube, die bei den allgemeinen Versammlungen und bei den althergebrachten Festlichkeiten die Stätte der Schmausereien und der Gelage war, überragte würdig die übrigen Baulichkeiten. Über den hohen Kaminen standen in dichter Reihe die glänzend geputzten silbernen und zinnernen Geschirre, zwei Gemälde Hans Holbeins, des berühmten Meisters und Landsmanns, stellten den Triumph des

Reichtumes und der Armut dar und waren für die Halle ein besonderer Schmuck. Ein weiter Garten zwischen der Halle und der westlichen Mauer, mit heimatlichen Weinstöcken und Obstbäumen bepflanzt, war an den Sommerabenden die Stätte der Rast und des Ausruhens. Den größten Raum des Grundstückes aber nahmen bei weitem die langen Reihen der Speicher, die Verkaufsbuden und die Geschäftslokale bis an die Themse ein. Hier hatten die einzelnen Kaufmannschaften der Städte ihre Schreibstuben, hier stapelten sie in genau vorgeschriebenen Abteilungen ihre Waren auf.

Die Schiffe legten mit ihren Frachten bequem an breiten Werften an; hohe Kräne, an die zur Flutzeit die Wellen der Themse hinaufschlugen, erleichterten das Ein- und Ausladen. So bot das Ganze eine Stätte des europäischen Weltmarktes: Aus Skandinavien, Rußland, Livland, Polen und aus den Gebieten des preußischen Ordens kamen Eisen, Holz, Hanf, Talg, Wachs und Pelzwerk sowie der Hering aus Schonen, der als besonderer Leckerbissen geschätzte Stör und ungezählte Schiffsladungen von Stockfisch, die europäische Fastenspeise. Manch großes Faß edlen Rheinweines hob der Kran aus den breiten Koggen, Rotwein brachten die Schiffe aus Bordeaux, und die Seefahrer Südeuropas vermittelten die Zufuhr von Feigen, Datteln, Mandeln, Zimt und Juwelen. Diese Güter blieben meist nicht in England, sondern wanderten weiter nach Hamburg, Lübeck, Bergen, Riga und nach Reval.

Auf der Nordseite, mit der Front nach der Thames Street, die schon damals eine der Hauptstraßen der City von London war, befand sich der Treffpunkt der Kaufleute der Nord- und Ostseegebiete, eine Weinstube, in der zum rheinischen Rebensaft geräucherte Ochsenzunge, Lachs, Kaviar und englischer Käse genossen wurden. Noch war die Regierung Englands nicht nach dem Westend von London gezogen, sondern hatte ihre stattlichen Wohnhäuser in der City, und Edelleute, der Lordkanzler selbst und andere hohe Regierungsherren, verschmähten nicht, in die Trinkstube der Deutschen einzutreten; noch in den Lustspielen aus der Zeit der Königin Elisabeth vernehmen wir das «Let us go to the Stealjard and drink Rhenish-Wine!» Laßt uns nach dem Stalhof gehen und Rheinwein trinken! In einem anderen Stück erklang die Aufforderung: «Ich lade euch ins rheinische Weinhaus in den Stalhof ein, kommt und laßt euch einen deutschen Kuchen und ein Fäßchen Kaviar gut schmecken!» Das war eine Stätte, in der der dicke Falstaff und der ausgelassene Prinz Harry bei Shakespeare sehr wohl ihren Sekt hätten schlürfen können! In diesem Gebäude des großen Kaufhauses war das Kontor der Deutschen Hanse, ein kleiner Staat im Staate, der sich nach eigener Verfassung selbst regierte. Alljährlich wählten die Kaufmannschaften der einzelnen Städte nach ihrem Drittel ihre Verwaltung; Kölner, Westfalen und Preußen (mit Danzig) hatten wohl die Führung im Kontor. Spät, erst 1474, als das Londoner Kontor wieder eröffnet wurde, sollten Lübeck, Hamburg und Danzig die Kaufleute führen, die von der Themse her zu Schiff einzogen, wobei Lübeck als das Haupt der Hanse die Spitze hielt. Dortmund aber und Münster sollten mit den Kaufleuten anderer Landstädte zu Pferde in die Stadt London einreiten und Dortmund «als ihr Haupt» diese Städte führen.

In Brügge bestand keine dem Petershof in Nowgorod, der Deutschen Brücke in Bergen und dem Stalhof in London entsprechende Niederlassung. Hier wohnte jeder Kaufmann in der Stadt bei seinem Hostelier, in dessen Person sich Gastwirt, Kaufmann und Makler vereinigten. Betrachten wir nun Brügge, das nordische Venedig, in den Zeiten seiner Blüte im 14. und 15. Jahrhundert. Wo sich heute fruchtbares Ackerland ausbreitet, war die Reede von Sluis. Dort wiegten sich die Galeeren der Republik von San Marco an den Ankertauen, hier lagen biskayische und bretonische Flotten von 40 Fahrzeugen in Reihen, und hansische Koggen und Kraier kamen an und fuhren ab, alle umschwärmt von den kleineren Leichtern und Fährbooten der Flamen. Heute führt von Sluis nach Brügge ein schnurgerader Kanal, vorbei an Feldbefestigungen aus der Zeit der Kämpfe zwischen Spaniern und Niederländern. Napoleon ließ diesen Schiffsgraben durch spanische Kriegsgefangene auswerfen; im Mittelalter freilich brauchte man diese künstliche Fahrstraße noch nicht, damals genügte das Bett der Reye und ihre Verlängerung, die für kleinere Schiffe fahrbar gehalten wurde. Nicht weniger als fünf kleineren Vororten begegnete der Reisende auf dem neun Kilometer langen Weg bis zur Stadt Brügge.

Noch heute erzählen die breiten, wuchtigen Kirchtürme von St. Anna-Ter-Muiden und Damme und die zierlichen Rathäuser von Sluis und Damme von ihrer bewegten Vergangenheit. Auf dem breiten Kanal fuhr der Hansekaufmann in das Quartier nördlich von der gräflichen Burg und vom Marktplatz. Am Zollhof legte die Schute an, hier hatten an der Brücke von St. Johann neben der Waage der große Kran für die schweren Weinfässer und die mächtigen mit kleinen Kranichfiguren verzierten Schrägbalken ihren Platz, in deren Nähe sich die Fremdenherbergen befanden. – In der Hansestadt Lüneburg begegnen wir noch heute einem solchen mächtigen Kran von malerischem Aussehen.

Ein Hostel bot mehreren Gästen Unterkunft. In seinen Schuppen, Seiten- und Nebengebäuden konnte sich der Gast Kellerräume und Lagerplätze sowie Raum für Warenausstellungen mieten. In den Truhen des Wirtes ließ der Kaufmann seinen gemünzten und ungemünzten Silbervorrat aufbewahren, soweit er nicht schon damals sein Geld «in den Wechsel legte» und bei der Bank arbeiten ließ. Der Wirt war zugleich für seinen Gast Vertrauensperson, die im Notfall für ihn gutsagte und ihn auch als Rechtsbeistand vor Gericht begleitete. Die Hosteliers gehörten zu den besten Bürgerfamilien, von denen eine, die «Burses», der Einrichtung der Börsen den Namen gab. Da der Aufenthalt oft Wochen und Monate dauerte, bestand in Alt-Brügge ein Vertrauensverhältnis zwischen Wirt und Gast. Wenn der Deutsche nach vierzehntägigem Ritt lendenlahm von seinem Gaul stieg oder auf der Reede in Sluis aus der Nachbarschaft der Heringsfässer, Lederballen und Stockfischbündel erlöst wurde, nahm er sich zunächst einmal Zeit zur Erholung von der beschwerlichen Reise, die wir heute in Bruchteilen eines Tages zurücklegen würden.

Früh schon in der Morgenstunde begab sich der Kaufmann in die Verkaufshallen oder Warenkeller. Es wird gekostet, geprobt, befühlt und meistens auch berochen. Der Akt des Abwiegens ist umständlich; bei Mengen über sechzig Pfund ging er stets auf den öffentlichen Waagen vor sich, wobei genauestens kontrolliert wurde, ob auch der Wägebeamte die für den ehrlichen Handel unbedingt nötigen festgelegten Bedingungen beim Abwiegen richtig erfüllte. War die Einigung über den Preis erfolgt, so wurde der Abschluß des Handels durch den «Weinkauf», einen Umtrunk, gefeiert.

Auf dem Großen Platz in Brügge ging meistens der Einkauf vor sich. Dort erhob sich, mit der Schmalseite dem Platz zugekehrt, die Alte Halle, die von einem breiten, wuchtigen Turm um zwei Geschosse überragt wurde. Zur Linken mündete der Kanal, der vom Swin her die Waren heranführte, unterhalb der langgestreckten Waterhalle. Dort fand der Deutsche seine Rückfracht, flandrische Tuche und die Waren des südeuropäischen Handels. Ein besonderes Brüggesches Erzeugnis waren die Strumpfhosen, die bis zu den Knien reichten und damals von einem Hofdichter mit folgendem Vers begeistert besungen wurden:

«Brügge, dein Hosenmachergewerbe
bekleidet die Beine der Großen der Erde.»

Drogen en gros und Kolonialwaren wurden im östlichen Flügel der Alten Halle als Gewürz gehandelt; in diesem Raum, der etwa die Größe einer heutigen mittleren Markthalle besaß und aus dem zahllose Gerüche durch schmale gotische Fenster ins Freie drangen, kaufte der Deutsche Südweine und Früchte, Baumöl, Reis und Baumwolle ein.

In frühen Zeiten pflegte der Kaufmann noch seine Ware zu begleiten, aber damit war es im 14. Jahrhundert vorbei, denn der Großhandel hatte sich durchgesetzt.

Der Krämer besaß seinen offenen Laden, seine «Apotheka»; hier hantierte er fleißig mit der Elle und verrieb in Mörsern seine Würzen und Pülverchen. Der Großhändler dagegen handelte in geschlossenen Gewölben und Kammern mit Stahl, Eisen, Salz, Schmalz, Baumwolle und Tuchen, jedoch nur zentner- und ballenweise. Dieser Großhandel hatte begonnen, als der Metzger zum Einkauf von Schlachtvieh für sich und seine Berufsgenossen tage- und wochenlang Schlachtvieh aufkaufte oder der Müller im weiteren Umkreis seiner Vaterstadt größere Getreideeinkäufe tätigte. Die Tuch- und Barchentweber nahmen, wenn sie ihren Waren entgegenreisten, beim Einkauf von Roh- und Farbstoffen andere Waren – auch im Auftrage der Kaufleute – mit, denn dadurch verbilligten sich ja ihre Reisekosten und die verhältnismäßig hohen Frachtsätze für die Waren, die sie einkaufen wollten. Diese in die Ferne reisenden Einkäufer «vertraten» den Großhändler, der daheim blieb und in seiner Hand die Fäden der Geschäftsabwicklung vereinigte.

Der lübische Kaufherr, der Chef der Firma, wanderte nicht mehr. In seinem Hause arbeiteten die kaufmännischen Angestellten und seine im Geschäft tätigen Gesellschafter. Wo er Waren einkaufen wollte, hatte er entweder seine Vertreter am dortigen Platz, oder aber er entsandte dorthin junge, erprobte Männer aus seinem Kontor, deren Interesse er am Verkauf durch Gewinnbeteiligung stärkte. Wer ein Geschäft besaß, mußte schon das Briefschreiben in lateinischer Sprache gelernt haben und etwas von der Rechenkunst verstehen. Die Kreditgeschäfte wurden in die Stadtbücher eingetragen und die Forderungen einzelner Kaufleute mit solchen aus anderen Städten ausgeglichen. Das ergab oft eine Verbindung zwischen Großhandel und Gesandtschaft, in der die Geschlechter eine besondere Rolle spielten.

Die «Scrivekamere», so war der gute alte deutsche Name für das Kontor, war der Mittelpunkt des Geschäftsverkehrs. Der auf See- und Kaufmannsfahrt bedachte hansische Kaufmann war dem schriftgewandten Kaufmann gewichen, der von der Heimatstadt aus sein Geschäft leitete. Meist waren die zu vielen Hunderten in den Handlungsbüchern erhaltenen Briefe von ihm in lateinischer Sprache eigenhändig abgefaßt. Hermann Warendorp, ein Lübecker Kaufherr, reiste zum Beispiel nicht mehr mit seiner zu verkaufenden Ware, sondern auswärtige Handelsvertreter besorgten ihm den An- und Verkauf; er war (1337) auch Alleinreeder und handelte von Lübeck aus mit dem Baltikum (Dorpat) und mit Flandern (Brügge).

GUSTAV FREYTAG

Was wollen Sie geben?

Anton hatte in den ersten Wochen Mühe, sich in der neuen Welt zurechtzufinden, in die er versetzt war. Das Gebäude, der Haushalt, das Geschäft waren so altertümlich solid und großartig, daß sie auch einem Weltbürger von mehr Erfahrung imponieren mußten.

Das Geschäft war ein Warengeschäft, wie sie jetzt immer seltener werden, jetzt, wo Eisenbahnen und Telegraphen See und Inland verbinden, wo jeder Kaufmann aus den Seestädten durch seine Agenten die Waren tief im Lande verkaufen läßt, fast bevor sie im Hafen angelangt sind, so selten, daß unsere Nachkommen diese Art des Handels kaum weniger fremdartig finden werden, als wir den Marktverkehr zu Timbuktu oder in einem Kaffernkral. Und doch hatte dies alte weitbekannte Binnengeschäft ein stolzes, ja fürstliches Ansehen, und, was mehr wert ist, es war ganz gemacht, bei seinen Teilhabern feste Gesinnung und ein sicheres Selbstgefühl zu schaffen. Denn damals war die See weit entfernt, die Konjunkturen waren seltener und größer, so mußte auch der Blick des Kaufmanns weiter, seine Spekulation selbständiger sein. Die Bedeutung einer Handlung beruhte damals auf den Massen der Waren, welche sie mit eigenem Gelde gekauft hatte und auf eigene Gefahr vorrätig hielt. Auf den Packhöfen am Flusse lag in langen Speichern ein großer Teil der fremden Waren aufgestapelt, ein kleinerer Teil in den Kellern und Gewölben des alten Hauses selbst, viele Vorräte in Speichern und Remisen der Nachbarschaft. Zahlreiche Kaufleute in der Provinz versorgten sich aus den Magazinen der Handlung mit Kolonialwaren und den tausend guten Erzeugnissen der Fremde, welche uns ein tägliches Bedürfnis geworden sind. Aber auch über die Grenzen des Landes hinaus, nach dem Süden und Osten, bis an die türkische Grenze, saßen die Agenten des Hauses, und dieser Teil des Geschäftes, vielleicht weniger regelmäßig und sicher, galt zur Zeit für die gewinnreichste Tätigkeit der Handlung.

So bot der Verkehr des Tages dem neuen Lehrling eine Menge der verschiedensten Eindrücke, Menschen und Verhältnisse allerart. Außer den Agenten der Seeplätze, welche fast täglich Warenproben brachten, und außer den Sensalen der Börse, welche die Geldgeschäfte des Hauses vermittelten, Wechsel anboten und verkauften, zog durch das vordere Kontor vom Morgen bis zum Abend eine bunte Prozession von allerlei Volk. Da kamen Materialhändler aus der Provinz, altväterische Männer mit jeder Art von Mützen und jedem Grade von Bildung und Zuverlässigkeit; sie kauften, drückten die Hände und verlangten als alte Freunde des Geschäftes behandelt zu werden; ferner Gutsbesitzer jedes Standes aus der Landschaft, welche die angebauten Handelsgewächse, Farbekräuter, Gewürze usw. anboten; dann polnische Juden, schwarzlockige Gesellen im langen seidenen Kaftan, die zuweilen einkauften, gewöhnlich aber die Erzeugnisse ihrer Länder, Wolle, Hanf, Pottasche, Talg verkaufen wollten. Mit ihnen war der Verkehr am wenigsten geschäftsmäßig, ihr Kommen erregte jedesmal unter den jüngeren Leuten des Kontors stille Heiterkeit. Dazwischen kamen Bettler, Hilfesuchende allerart, Geschäftsfreunde des Hauses, Fuhrleute, welche ihre Frachtbriefe forderten, Auflader und Hausknechte, welche Aufträge erhielten oder die Aufträge anderer Geschäfte ausrichteten. Anton fand es sehr schwer, bei diesem ewigen Türöffnen und Durcheinandersprechen seine Gedanken zusammenzuhalten und die einfache Arbeit, welche ihm aufgetragen war, zu vollenden.

Eben war Herr Braun eingetreten, der Agent eines befreundeten Hauses in Hamburg, und hatte aus seiner Tasche eine Anzahl Kaffeeproben hervorgeholt. Während diese vom Prinzipal besichtigt wurden, gestikulierte der kleine behende Agent mit seinem goldenen Stockknopf in der Nähe von Antons Augen umher und berichtete von einem Seesturm und dem Schaden, den er angerichtet haben sollte. Da knarrte die Tür, und eine ärmlich gekleidete Frau trat herein. Herr Specht erhob sich und fragte: «Was wollen Sie?» Man hörte klägliche Töne, welche mit dem Gepiep eines kranken Huhns Ähnlichkeit hatten, der Kaufmann griff schnell in die Tasche, und das Piepen verwandelte sich in ein behagliches Glucksen. «Haushohe Wellen», ruft der Agent. – «Gott vergelt' es tausendmal», gluckst die Frau. – «Macht 550 Mark zehn Schilling», sagt Herr Baumann zum Prinzipal.

Jetzt wird die Tür heftig aufgerissen, ein starker Mann mit einem Geldsack unterm Arm tritt ein, er setzt den Geldsack triumphierend auf den Marmortisch und ruft mit dem Ausdruck eines Mannes, der eine gute Tat vollbringt: «Hier bin ich, und hier ist Geld!» Sogleich erhebt sich Herr Jordan und sagt vertraulich: «Guten Morgen, Herr Stephan, wie geht's in Wolfsburg?» – «Ein furchtbares Loch», klagt Herr Braun. – «Wo?» fragt Fink. – «Es ist keine schlechte Stadt, aber wenig Nahrung», sagt Herr Stephan. – «Natürlich im Rumpfe des Schiffes», antwortet Herr Braun. – «Fünfundsiebzig Sack Kuba», bemerkt der Prinzipal als Antwort auf die Frage eines Kommis.

Während nun Herr Stephan die Neuigkeiten seiner Stadt erzählt, darunter die traurige Geschichte eines Lehrjungen, der sich mit Hilfe einer Schlüsselbüchse erschossen hat, und während Jordan diese notwendige Einleitung zu dem bevorstehenden Einkauf geduldig durchmacht, öffnet sich wieder die Tür, ein Bedienter tritt ein und ein Jude aus

Brody. Der Diener bringt dem Kaufmann die Einladung zu einem Diner, und der Jude schleicht an die Ecke, wo Fink sitzt.

«Wozu kommt Ihr wieder, Schmeie Tinkeles?» fragt Fink kalt. «Ich habe Euch schon gesagt, daß wir kein Geschäft mit Euch machen wollen.»

«Kein Geschäft?» ruft der unglückliche Tinkeles krächzend in abscheulichem Deutsch, so daß Anton ihn nur mit Mühe versteht. «Solche Wolle, wie ich bringe, ist noch nicht gewesen im Lande.»

«Wie hoch der Zentner?» fragt Fink schreibend, ohne den Juden anzusehen.

«Was ich doch habe gesagt», antwortet der Jude.

«Ihr seid ein Narr», sagt Fink, «fort mit Euch!»

«Kein Lotse kann ihm helfen», sagte Herr Braun.

«Meine Empfehlung an Herrn Kommerzienrat», sagt der Kaufmann.

«Mit einem Schwefelhölzchen hat er den Schlüssel angezündet», ruft Herr Stephan zum Himmel blickend.

«Wai!» schreit der Mann im Kaftan. «Was ist das: fort mit Euch? Mit fort kann man machen keine Geschäfte.»

«Was wollt Ihr also haben für Eure Wolle?»

«41 ⅔», sagt Tinkeles.

«Hinaus!» bemerkt Fink.

«Sagen Sie doch nicht immer hinaus!» bittet der Jude in Verzweiflung. «Sagen Sie, was wollen Sie geben?»

«Wenn Ihr so unverschämt fordert, gar nichts», sagt Fink, eine neue Seite seines Briefes beginnend.

«Sagen Sie doch nur, was wollen Sie geben?» bittet der Jude wieder.

«Nur wenn Ihr wie ein anständiger Mann redet», antwortet Fink den Juden ansehend.

«Ich bin anständig», sagt der Jude leise, «was wollen Sie geben?»

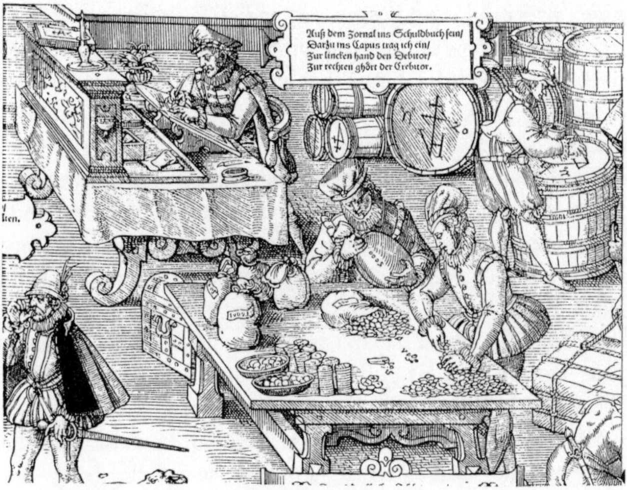

Tisch des Kassierers und Führung des Schuldbuches
(aus: Allegorie des Handels, Holzschnitt von Jost Amman,
1539–1591)

«39», sagt Fink.

Jetzt gerät Schmeie Tinkeles außer sich, schüttelt seine schwarzen Locken und verschwört sich bei seiner Seele Seligkeit mit lautem Geschrei, er könne nicht unter 41; worauf Fink ihm bedeutet, er werde ihn von einem Hausknecht hinausführen lassen, wenn er solchen Lärm mache. Darauf geht der Jude entrüstet vor die Türe, steckt den Kopf wieder herein und ruft: «Also was wollen Sie geben?»

«39», sagt Fink und sieht der aufgeregten Mimik des Händlers ungefähr mit demselben Interesse zu, mit dem ein Physiker die galvanischen Zuckungen eines Frosches betrachtet. Die Zahl 39 bewirkt in der Seele des Juden eine neue Explosion, er tritt wieder vor, verschwört seine Seele in den tiefsten Abgrund der Hölle und erklärt sich selbst für das nichtswürdigste Scheusal der Welt, wenn er für weniger als 41 ablassen könne. Als er sich auf wiederholte Ermahnungen Finks, ruhig zu werden, dazu nicht entschließen kann, wird der Hausknecht gerufen. Das Erscheinen desselben wirkt so weit beruhigend, daß Herr Tinkeles erklärt, er könne allein gehen und werde allein gehen, worauf er stillsteht und 40 ½ sagt. Der Agent, der Provinziale und das Kontor sind still und hören der Verhandlung neugierig zu, während Fink dem armen Schmeie mit einer gewissen Herzlichkeit den Vorschlag macht, er solle sich ohne weiteres entfernen, er sei völlig Narr und mit ihm kein Geschäft zu machen. Darauf wendet sich der Jude trotzig ab und geht hinaus. Und wieder fährt Herr Braun fort: «Dieser Sturm war ein seltenes Unglück, der Kaffee muß steigen»; und Herr Stephan beweist, daß die Selbstmorde und andere Untaten seit Erfindung der Schwefelhölzer zugenommen haben; und Fink sagt zum Prinzipal, der einen unterdes erhaltenen Brief durchliest: «Er wird's lassen, wenn ich ihm noch einen halben Taler zulege. Wollen Sie mit 39 ½ abmachen?»

«Wieviel?» fragt der Kaufmann.

«120 Zentner», sagt Fink.

«Nehmen Sie», sagt der Kaufmann und liest weiter.

Von neuem wird die Tür aufgerissen, das Geschwirr geht fort, und Anton müht sich vergebens zu verstehen, wie man die Wolle kaufen könne, nachdem der Verkäufer in so entschiedener Weise gegangen ist. Da öffnet sich, gerade als wieder drei bis vier Stimmen durcheinandersprechen, ganz leise die Tür, Tinkeles schleicht herein bis hinter Finks Platz und sagt, diesem die Hand auf die Schulter legend, wehmütig und vertraulich: «Was wollen Sie noch geben?»

Fink wendet sich um und sagt ebenfalls mit vertraulichem Lächeln: «Weil Ihr es seid, Tinkeles, 39 ⅓, aber nur unter der Bedingung, daß Ihr kein Wort weiter sprecht, sonst nehm ich das Gebot zurück.»

«Ich spreche nichts», antwortet der Jude, «sagen Sie 40.»

Fink macht eine Bewegung der Entrüstung und weist schweigend nach der Tür. Der Händler geht und dreht an der Tür um.

«Jetzt kommt's», sagt Fink. Darauf kehrt der Händler zurück und spricht mit mehr Haltung: «39 ½, wenn Sie es dafür wollen nehmen.»

Nach einigem Zögern bemerkt Fink wie gelegentlich: «Es mag sein.» Worauf Schmeie Tinkeles ganz umgewandelt ist, sich als liebenswürdiger Freund der Handlung erweist und angelegentlich nach dem Befinden des Prinzipals erkundigt.

Und wieder knarrte nach diesem Intermezzo die Tür, neue Käufer und Verkäufer kamen, die Menschen sprachen und Federn knisterten, das Geld rollte unaufhörlich.

WILHELM DAMWERTH

Die schwedische Krone

In der Mitte des 14. Jahrhunderts, als der Bund der deutschen Hanse seine größte Macht entfalten konnte und 72 Städte vereinte, lebten auch in Skandinavien viele deutsche Kaufleute. Vornehmlich Westfalen waren es, die einen gewinnreichen Handelsverkehr mit den nordischen Ländern trieben. Die Hälfte des Rates der Städte Schwedens war westfälisch. Das war verfassungmäßig verbürgt. Und selbst in der Hauptstadt Stockholm war die Mehrzahl des Rates Kaufleute aus Westfalen, die sich durch ihre Handelsmacht Ansehen und Einfluß errungen hatten.

Es waren mächtige Männer, die durch ihre westfälische Art, zäh zu schaffen und das Erworbene zu bewahren, große Reichtümer erlangt hatten. Ihre Vorrangstellung im Rat der Stadt Stockholm nutzten sie klug, pflegten enge Verbindungen zu den Städten der Hanse und sicherten sich Privilegien, wie sie selten deutsche Kaufleute im Ausland erreichten. Hierbei war ihnen der Hang zur Üppigkeit und Verschwendung des Königs Magnus II. von Schweden und Norwegen nützlich. Oft lud er die westfälischen Ratsherren Stockholms an seinen Hof, feierte mit ihnen Gelage, die damit endeten, daß die Westfalen dem König ein weiteres Darlehen gewährten.

«Wie gelingt es Euch Westfalen, immer reicher zu werden?» sagte er und blickte in die Runde.

Da saßen sie um ihn, die westfälischen Männer, in deren Händen die Geschicke seiner Hauptstadt lagen: Johann von Brakel, Heinrich Schwarz, Johann von Lon, Heine Styve, die Brüder Ulrich und Ludwig von Attendorn, Johann Berkhof, Ludwig Knewel, Johann Geismar, Albert von Unna, Ludwig Schreiber. Die Männer lächelten sich verstohlen zu. Sie kannten die Macht des Geldes. Darum bewahrten sie es und setzten es klug ein. Das Vermögen jedes einzelnen war größer als das des Königs. Doch wie groß war der Unterschied zwischen ihrem besonnenen Leben und der Genußsucht des Königs. Ihre schweren Schädel nickten, als Heine Styve dem König antwortete:

«Wir sind Westfälinger, Herr, und wir bleiben es auch als Eure Untertanen. Unsere Väter lehrten uns, ein tapferes Herz und einen kühlen Sinn zu haben. Und Ihr wißt, daß an unserem Stamme besonders die Treue gerühmt wird. Wir sind stolz darauf, Herr, zu Eurer Hauptstadt, deren Bürger wir wurden, und zu allen Eigenarten unseres Stammes.»

«Ich weiß», sagte der König, «Ihr seid meine verläßlichsten Getreuen.» Ein freundlicher Spott kam in seine Stimme, und seine Augen wurden schmal. «Doch Eure Treue gegenüber Euerm Geld ist etwas zu stark.»

Die Männer lachten. Sie wußten, welchen Weg die weitere Rede nehmen würde. Doch sie waren auf der Hut und griffen nur selten zu den Humpen. Der König schuldete ihnen schon große Summen. Und keine Gewähr gab es, daß er sein süchtiges Leben ändern und seine Schulden tilgen würde.

Ein zähes Ringen begann. Der König wollte wiederum Geld, viel Geld. Die Kaufleute aber bekamen ernste Gesichter.

«Herr», sagte Johann Berkhof, «wir sind Euch ergeben, Ihr wißt es. Aber die Treue zu Euch zwingt uns zu warnen. Große Summen gaben wir Euch. Daraus erkennt Ihr unsere Gesinnung. Und die läßt Euch raten –»

«Habt Ihr keine Trau mehr zu mir?» rief Magnus und sprang erregt auf. «Gilt das Wort Eures Königs nicht mehr? Ich werde Euch alle meine Schulden erstatten.»

«Wann, Herr?» fragte Ulrich von Attendorn nüchtern.

Der König wurde verwirrt. Er blickte zu Boden und setzte sich still in den Sessel zurück.

«Gewiß, wir wollen Euch helfen, Herr», sagte Heine Styve, und auch die anderen Männer nickten bedächtig. «Aber in unserer Heimat gilt ein altes Wort, daß man für die Hand, mit der man ein Goldstück ausleiht, die andere Hand voller Erde erhalten müsse.»

Die Kaufherren murmelten beifällig. Ja, sie konnten dem König kein Geld mehr leihen, wenn er ihnen keine Sicherheit bot. «Ihr wißt, Herr, wie es gemeint ist», fuhr Styve fort. «Wir wollen Euch weitere Gelder geben. Doch bitten wir Euch, gebt uns ein Pfand.»

Da wurde der König ernst. Schweigend nahm er die Krone von seinem Haupt und legte sie still auf den Tisch.

Die Männer verstanden ihn. Und doch war geheime Mißachtung in ihnen vor diesem Mann, dem das lustvolle Leben, dem Prunk und Genuß mehr waren als das Symbol seines Reiches.

Die Königskrone Magnus II. und weitere Reichskleinodien wurden in Pfandleihe gegen eine bedeutende Summe genommen, die ihm die Kaufleute liehen. Sie selbst traten den Schatz an die Hanse ab, die ihn in Stralsund in Obhut nahm.

Jahre später, am 14. Juli 1352, ließ der König den Ratsherrn Heine Styve rufen.

«Ihr seid einer der Westfälinger, die in meinem Lande zu den reichsten und angesehensten Bürgern wurden», sagte er zu ihm. «Ihr wißt, daß ich Euch und dem hansischen Städtebund bedeutende Summen schulde. Meine Krone und der Kronschatz sind in Gewahrsam der Hanse. Noch kann ich die Schuld nicht bezahlen. Aber ich muß meine Krone zurückhaben. Was ist ein König ohne seine Krone?»

Heine Styve blickte auf Magnus II., der vor ihm müde im Thronsessel saß. Er war ein alter, verbrauchter Mann, am Ende eines Lebens, das vertan war.

«Ich will dem Drängen meiner Söhne Hakon und Erik nachgeben und ihnen meine Krone abtreten.»

Magnus schwieg und blickte an dem Kaufherrn vorbei auf das große Gemälde seines Vaters, das die Wand seines Privatkabinetts zierte. Er hatte das Erbe dieses Mannes nicht rühmlich verwaltet, hatte nicht seine Macht und den Wohlstand seines Hauses vermehrt wie dieser Handelsherr vor ihm.

Er stand aus seinem Sessel auf, ging mit müden Schritten zu Styve und nahm seinen Arm.

«Wir sind zwei alte Männer», sagte er, «doch ungleich ist unsere Lebensbilanz. Ihr wißt es selbst, Styve. Aber versteht mich. Ich möchte nicht in Schande abdanken: ein König ohne Krone.»

«Wie kann ich Euch helfen, Herr», sagte Styve. «Was erwartet Ihr von mir?»

«Holt mir meine Krone zurück, Styve, damit ich sie in Ehren abtreten kann.»

«Dann müßte ich sie durch die Schuldsumme einlösen, Herr, für die sie verpfändet ist. Habt Ihr das Geld?»

«Nein, Styve, ich habe das Geld nicht», sagte der König und stützte sich auf den Tisch. «Ich habe es nicht. Ich habe auf Euch gehofft.»

Heine Styve blickte auf den König, der ein alter, gebrochener Mann war.

«Ich löse die Krone ein», sagte er endlich. «Ich leihe Euch die Pfandsumme.»

Da straffte sich die Gestalt des Königs. Neuer Glanz kam in seine Augen.

«Ihr wollt mir helfen, Styve? Ich werde Euch das nie vergessen. Ich gebe Euch Schuldurkunden, die auch für meine

Söhne und für mein ganzes Haus verbindlich sind. Ich weiß ganz sicher, daß Ihr alles Geld zurückerhaltet. Ich verspreche es Euch. Hier, nehmt meine Hand, Styve.»

«Stellt mir eine Vollmacht aus», sagte Heine Styve, «damit ich die Krone bei der Hanse einlösen und nach Schweden heimführen kann.»

Der Kaufherr hielt sein Wort und brachte dem Schwedenkönig die Krone zurück.

Als Magnus II. im Thronsaal vor den Großen seines Reiches Macht und Krone abgetreten hatte, als der Hof den neuen Herrschern zujubelte, trat er zu dem Kaufherrn.

«Styve», sagte er bewegt. «Ich danke Euch. Ihr habt meine Ehre gerettet, die Ehre eines alten Mannes und Königs. Styve, ich hätte ein Westfälinger sein müssen, hört Ihr, was hätte dann aus meinem Hause und aus meinem Lande werden können.»

OTTO BENEKE

Der Hansen Spiele zu Bergen

Seit alten Zeiten waren bei den Kaufleuten, welche das große Hansische Handels-Comtoir zu Bergen in Norwegen bildeten, allerlei berühmte und berüchtigte «Spiele» im Schwange, mit welchen sie ihre neuen Lehrburschen plagten; wie es heißt, um reiche junge Leute abzuschrecken, sich zur Handlung nach Bergen zu begeben, auf daß aus solchen später ihnen keine gefährliche Konkurrenten erwüchsen. Denn eine ungeheure Menge Prügel, welche die Burschen bekamen, war Hauptsache dabei. Vielleicht war es auch eine freilich wunderliche Art der Erprobung der Neulinge, ob sie kräftig und geschickt zur Erduldung großer Körperbeschwerden seien, denn verzärtelte Muttersöhnchen konnte das Hansische Comtoir in Bergen nicht gebrauchen. Übrigens kommen von alters her ähnliche Spiele und Proben noch bei andern Verbrüderungen und Genossenschaften vor, z. B. die Handwerkergebräuche beim Gesellwerden der Lehrburschen, die mystischen Prüfungen der aufzunehmenden Freimaurer, die Fuchs-Commersche der Studenten und das «Einweihen» der Scholaren.

Aber so gut wie einem neuen Quintaner, den die Genossen übers Katheder ziehen und ihm mit einer einmaligen Tracht ehrlicher Prügel die Weihe der Verbrüderung geben, so leicht und gut wurde es den armen hansischen Handelsburschen in Bergen nicht, denn drei gefährliche Proben hatten sie zu bestehen, ehe sie völlig aufgenommen waren. Und wer den Schaden hat, der darf für Spott nicht sorgen; ihr schmerzliches Ungemach diente den älteren Hansen, den Prinzipalen und Gesellen, zur großen Belustigung, und eigentlich nur für diese waren ihre Proben ergötzliche «Spiele».

Im Jahr 1599 besuchte König Christian IV. von Dänemark seine Stadt Bergen. Von Natur sehr munter und damals noch im Jugendalter, trieb er dort so viel Kurzweil und Ergötzung, daß noch 150 Jahre später die Einwohner voll davon waren. Auf einem Gastmahl im Hause des Statthalters Milzow wurden der König und sein Bruder Ulrich so lustig, daß sie, nach Art deutscher Studenten, alle Fensterscheiben im Hause einwarfen und durch neue ersetzen ließen. Am 25. Juni geruhte der König, ein Festmahl der hansischen Kaufleute in deren Hauptgebäude einzunehmen; um ihn gut zu unterhalten, wurden zu seinen Ehren nach Tisch einige dieser «berühmten Spiele» aufgeführt, wobei den armen Lehrjungen der Spaß so wenig ehrenvoll als vergnüglich vorkommen mochte. Der König aber fand die Spiele so ergötzlich, daß sogleich einer seiner Lakaien einem solchen sich unterziehen mußte. Der arme Mensch wurde dabei sehr übel zugerichtet, und da der König ihn zu einer zweiten Probe durch einen Rosenobel locken wollte, bat er demütig um Schonung und vermaß sich, lieber hundert Taler einzubüßen, als solch Teufelsspiel nochmals zu probieren.

Außer einigen minder bekannt gewordenen, gab es hauptsächlich drei Arten dieser Spiele, welche hier beschrieben werden sollen, damit man die Furcht des königlichen Hoflakaien ermessen könne.

Das *«Rookspill»* (Rauchspiel) war die erste, eine Art *Feuer*probe. An einem Feierabend um 10 Uhr holte unter Trommelschlag eine Prozession von Gesellen, darunter einige als Bauern, alte Weiber und Narren verkleidet waren, allerlei Holzspäne, Haare, Lederstücke und Gerümpel; damit zogen sie in ihren Schütting, die große Halle jeder der in einzelnen Höfen zusammenwohnenden Abteilungen der

Gesellschaft. Dann wurde der Lehrling, dem's galt, in einen Sack gesteckt und in den großen Schornstein des Schütting-Kamins hinaufgewunden, während man das mitgebrachte Holzgerümpel, die Haare und das Leder unter ihm in Brand setzte. Diesen stinkenden Qualm und Rauch auszuhalten, war des Neulings erste Probe. Damit er aber recht viel Rauch in den Hals bekäme, mußte er, während er so hing, auf gewisse vorgelegte Fragen laut antworten und singen. Glaubte man ihn genügend durchräuchert, so nahm man ihn herab und begoß den wohlgeschmäuchten, halb erstickten Burschen zur Abkühlung und Erfrischung mit sechs Tonnen Wasser. Bei diesem «lustigen Rookspill» ist einmal einer jämmerlich erstickt, weshalb der Hof, in dem es geschah, der Stadt Bergen eine jährliche Buße entrichten mußte.

Das *«Waterspill»* war das zweite Spiel, eine Art *Wasserprobe*. Es ward jährlich nur einmal, am zweiten Mittwoch nach Pfingstsonntag gehalten. Die Neulinge wurden zuvor mittags gut bewirtet und um 3 Uhr in Kähnen aufs Meer gefahren, bis in die Gegend des Schlosses. Dann wurden sie entkleidet, ins Wasser geworfen und dreimal untergetaucht, wobei man sie übrigens an den Armen festhielt. Sodann wurden sie, noch im Wasser liegend, von den Gesellen mit Ruten auf den bloßen Rücken gepeitscht, wobei es aber nicht gar hart zuging, indem jeder der einzuweihenden Lehrlinge einen Sekundanten hatte, der mit einem dickbelaubten Maienzweig sowohl die Schläge abwehrte als seine Blöße deckte. Wenn diese Lust gebüßt war, kleidete man sie wieder an, fuhr zurück und bankettierte abends in den Schüttingen herrlich, wobei die Lehrburschen, wie gewöhnlich, ihre Prinzipale und Gesellen bedienen mußten.

Früher scheint das Wasserspiel in anderer Weise, nämlich so abgehalten zu sein, daß die Lehrlinge von einem Felsen hinab in die See gestürzt wurden, worauf man sie an einem um ihren Leib befestigten Seile wieder in die Höhe wand und noch zweimal diese «artige Kurzweil» wiederholte.

Man erzählte aber unter den Hansen, es sei vor langen Jahren ein junges Frauenzimmer in Mannskleidern aufs Comtoir nach Bergen gekommen, aus Liebe zu einem hier angesessenen Gesellen, und habe geraume Zeit dort gelebt, bis es entdeckt und sie mit ihrem Sponsen fortgeschafft sei. Und weil nun nach den Gesetzen der Gesellschaft kein Frauenzimmer auf dem Comtoir und in dessen Höfen sich aufhalten dürfe, so sei zur wirksamen Abschreckung solcher weiblichen Eindringlinge das Wasserspiel erfunden.

Die dritte Probe war das *Stupenspill* oder die *Stupe* (Staupenschlag geben). Es fand statt am Sonntag nach dem Wasserspiel, und alle Lehrlinge mußten sich ihm unterwerfen. Am Vorabend mußten sie in langen Booten nach der nächsten Holzung rudern und die Maien- oder Birkenzweige holen, aus denen die Ruten gemacht wurden, mit welchen sie gestrichen werden sollten. Das war noch das Lustigste, was ihnen von dieser Ergötzlichkeit zuteil wurde. Am andern Morgen führte man alle Lehrburschen unter Trommelschlag nach einem Garten vor dem Tor. Dabei war viel Kurzweil; zwei Prinzipale, herrenmäßig gekleidet, waren die Anführer, andere fungierten als sogenannte Rechenmeister und besorgten die Bewirtung. Der Narr oder Hanswurst und seine Kumpane, ein als Bauertölpel gekleideter Gesell und ein als Bauernweib maskierter Lehrling, fehlten nicht; sie redeten in Reimen, foppten und neckten alle Welt und trieben grobkörnige Possen, zumal mit der Bergenschen Einwohnerschaft, die neugierig dem Zuge zusah. Im Garten trieb man sich eine Weile herum und kehrte in derselben Ordnung, mit Maienzweigen in den Händen, auf die größte der Schüttingsstuben zurück, wo um 12 Uhr ein Mahl gehalten wurde. Dann kam für die armen Neulinge die große Katastrophe. Der Narr und einige als Herren verkleidete Gesellen fingen zum Schein einen Streit an, worauf die neuen Lehrlinge befehligt wurden, ihn ins sogenannte Paradies zu bringen, einen Winkel oder Alkoven am Schüttingssaale, den man zuvor heimlich zur Marterkammer umgewandelt hatte. Gewöhnlich hatte man die Lehrburschen zuvor bei der Mahlzeit sich ziemlich berauschen lassen, so daß sie beim Eintritt ins Paradies ihre 24 überdies als Bauern vermummten Peiniger nicht erkennen konnten. Einer derselben redete die erstaunten Opferlämmer mit diesem alten Spruche an:

«Ehre sei Gott, ja, Ehre sei Gott,
Das rede ich wahrhaft und sonder Spott.
Nu krupt in dat hillige Paradies,
Da schölt jü schmecken söt' Barkenries,
Ja so veel Barkenries schölt jü supen,
Als 24 Buuern up de Steert könt stupen.»

Dann erscholl draußen ein betäubender Höllenlärm von Pauken, Trommeln und Becken, während die vermummten Bauern wie die Teufel über die Lehrlinge herfielen, sie packten, über eine Bank warfen und mit Birkenruten aus Leibeskräften so lange bearbeiteten, bis es genug war, d. h. bis aufs Blut der armen Jünglinge, deren Jammergeschrei die laute Musik übertönte.

Wenn sie nun dergestalt, nach der Feuer- und Wasserprobe, auch die Einweihungsfreuden dieses «Paradieses» genossen hatten, dann wurden sie erst als *rite* aufgenommene Lehrburschen und Angehörige der hansischen Korporation in Bergen angesehen, konnten später Gesellen und Prinzipale («Hausherren») werden und zu ihrer Satisfaktion in diesen drei Hauptspielen, welche sie so passiv mitgemacht hatten, auch eine aktive Rolle übernehmen, nach dem Prinzip: «Was ich habe leiden müssen, dem sollen andere auch nicht entgehen.»

Erst im Jahr 1671 hat König Christian V. von Dänemark und Norwegen durch ein ausdrückliches Gesetz solche Spiele der Hansen zu Bergen bei schwerer Geldstrafe gänzlich verboten, nachdem schon manche Befehle der Hansestädte erlassen waren, welche dem Unwesen steuern sollten.

Diese Spiele, die unserm verfeinerten Jahrhundert allerdings ebenso unanständig und witzlos als roh und grausam erscheinen, wurden in jenem derberen Zeitalter meistens als etwas ganz Schickliches und Natürliches betrachtet. Raufereien und Prügel gehörten damals noch mehr zum volkstümlichen Spaße als heute.

Übrigens wurde kein Lehrling zu Bergen gezwungen, sich jenen Spielen zu unterwerfen. Nur wird er alsdann besser getan haben, seine Laufbahn am Hansischen Comtoir aufzugeben, wie dies Heinrich Hufanus um 1555 tat. Es wird nämlich erzählt, daß dieser später als Staatsmann und Gelehrter berühmt gewordene Mann in seiner Jugend zum Kaufmann bestimmt und als Lehrling nach Bergen gekommen sei. Wie er aber das Stupenspiel überstanden, da hat er seiner Mutter (einer Bürgermeistersfrau zu Eisenach) das blutige Hemd geschickt, um ihr zu Gemüt zu führen, wie unbarmherzig mit ihrem Sohn umgegangen werde. Die Mutter hat ihn dann eilends zurückgerufen und ihn den sanfteren Musen in Pflege gegeben. Hufanus muß aber hernach, als weimarscher Gesandter oder als mecklenburgischer Kanzler, das hansische Birkenreis in Bergen als veranlassende Ursache seines Glückes in Ehren gehalten haben.

WILLIBALD LEO VON LÜTGENDORFF

Königin des Hansebundes

Jedermann in Lübeck weiß, oder sollte es doch wissen, was mit dem Worte «Hansa» bezeichnet wird, da es schon im Freibrief Kaiser Friedrichs II. vorkommt. Es war und ist ein deutsches Wort, und wenn im Londoner Recht, das König Arthelred von England um das Jahr 1000 festsetzte, heißt, daß die «Leute des Kaisers» *(homines imperatoris)*, die in ihren Schiffen kommen, der gleichen guten Gesetze würdig sein sollen wie die Londoner selbst, so ist anzunehmen, daß uns schon hier die älteste Erwähnung der deutschen Hansa in lateinischer Umschreibung begegnet.

Der Weitblick und Wagemut des deutschen Kaufmanns führte ihn über See und Sand in fremde Länder, wo er Niederlassungen gründete, die er schützen mußte durch Verträge mit fremden Herrschern und eigenen Gesetzen. Dazu war immer eine Vereinigung nötig, und so war die deutsche Hansa von allem Anfang an eine Einrichtung für den deutschen Kaufmann im Ausland, aber «ihre Geburtsstätte liegt auf dem Meere».

Die Insel Gotland war für die handeltreibenden Seefahrer der Ostseeküsten besonders gut gelegen, hier blühte die Stadt Wisby empor, deren Mauer von 48 Türmen bewehrt war und die nahezu zwanzig Kirchen zählte. Hier waren die Deutschen mit den Goten gleichberechtigt; als der Zuzug, namentlich aus dem sich rasch entwickelnden Lübeck anhielt, wurde Wisby fast eine ganz deutsche Stadt, was auch heute noch die Ruinen ihrer einst herrlichen Bauwerke unbestreitbar erzählen. Hier saßen außer den Lübeckern noch Angehörige aus etwa dreißig Städten, die die gotländische Genossenschaft bildeten, oder, wie man sie auch nannte, «die vereinigten Gotlandfahrer des Römischen Reichs». Von hier aus trieben sie ihren Handel mit ganz Skandinavien bis weit nach Rußland hinein, wo sie am Ilmensee in der alten Stadt Nowgorod, die einst Rurik zu seinem Wohnsitz gemacht hatte, eine wichtige Niederlassung gründeten. Dieser standen vier Älterleute vor, die von den Deutschen und Goten aus Gotland, den Lübeckern, den Soestern und den Dortmundern eingesetzt wurden. Die Schlüssel der Nowgoroder Geldkiste wurden aber in der Marienkirche zu Wisby verwahrt.

Von besonderer Bedeutung für die Hansa waren ihre Niederlassungen in Flandern, namentlich in Brügge, wo bereits vorher eine Londoner und eine flämische Hanse bestand und im 14. Jahrhundert zum Mittelpunkt des nordeuropäischen Welthandels wurde. Damals hatte Brügge in Sluis und Damme zwei gut angelegte Häfen, die freilich seither so versandet sind, daß die Stadt jetzt etliche Kilometer von der Meeresküste entfernt liegt. An die Stelle Brügges trat später Antwerpen. Die Beziehungen der Hanse zu Flandern und Brügge regelten mit der Gräfin Margaretha von Flandern um 1252 die Lübecker und Hamburger für alle Kaufleute des Römischen Reichs. Damit hatte die Hanse, abgesehen von den Vorteilen, die die Märkte von Gent, Ypern und besonders von Brügge darboten, auch Gelegenheit, mit den dort verkehrenden italienischen, spanischen und französischen Kaufleuten in Verbindung zu treten, nachdem der Durchgangsverkehr durch Holland schon vorher durch Verträge gesichert war. So zersplittert das Reich auch zu irgendeiner Zeit war, die Hansaleute traten immer für alle Deutschen ein, und so wurden sie im Ausland ebenfalls überall als zusammengehörig angesehen. Als ein Engländer im Jahre 1318 die deutschen Kaufleute in London verklagte und einzelne sich darauf beriefen, mit der Angelegenheit nichts zu tun zu haben, erklärte der Kläger, daß sie als Berufsgenossen mit ihren Landsleuten gemeinsam haftbar seien, wogegen nichts einzuwenden war. Die ursprünglich den Kölnern gehörige Gildhalle wurde gemeinsamer Besitz der deutschen Hanse, es wurde kein Unterschied mehr gemacht zwischen den «Österlingen», wie man die Hansen in England und Flandern nannte, mochten sie aus noch so verschiedenen Teilen des Reichs gekommen sein. Die Zugehörigkeit zur Hanse konnten Kaufleute, wenn sie Bürger einer deutschen Hansestadt waren, in London durch ein Eintrittsgeld erwerben, und hatten sie diese erlangt, stand auch die ganze Hanse hinter ihnen und war ihnen Schutz und Schirm, wo immer sie auftraten. Deshalb ließen sich auch 1316 die Kaufleute aus Soest und Greifswald durch den Londoner Ältermann bezeugen, daß sie Mitglieder der deutschen Hansa seien.

Die jüngste der hansischen Niederlassungen im Ausland war die in Bergen in Norwegen, wenn man ihre abschließende Einrichtung in das Jahr 1376 setzt. Die Beziehungen Lübecks zu Norwegen sind so alt wie die Lübecker Seefahrt überhaupt, und norwegische Heringe, Stockfische, auch Hummer und Tran, waren von jeher begehrte Handelswaren. Im Jahre 1250 durften die Lübecker in Norwegen frei verkehren, am liebsten gingen sie nach Bergen, wo der lebhafteste Marktverkehr herrschte. Bergen war wegen seiner günstigen Lage an der Westküste an der innersten Bucht des Byfjords der gegebene Platz für einen Kaufmannssitz. Das wußten die Hansen rechtzeitig auszunutzen, sie waren es, die aus Bergen die erste Handelsstadt Norwegens machten, sie nahmen dort bald den ganzen Handel in ihren alleinigen Besitz, bauten die Marienkirche, ein deutsches Armenhaus und schließlich die sogenannte «Deutsche Brücke», eine Reihe von über sechzig Kaufmannsspeichern. Zur Bearbeitung der Waren und für ihren eigenen Bedarf riefen sie deutsche Handwerker herbei, die sich unter dem Schutz der Hanse stellten.

Die Hanse-Niederlassungen im Ausland wurden in späterer Zeit bis zuletzt «Kontore» genannt: die Hanse hatte auch auf Schonen und an anderen Orten Niederlassungen, aber London, Brügge, Nowgorod und Bergen waren ihre Hauptkontore.

Die kleineren Kaufmannsgenossenschaften, die sich auch als Hansen bezeichneten, verschwanden allmählich, als die Gildhalle in London gemeinsamer Besitz der Deutschen Hanse geworden war und über alle den Vorrang erlangt hatte. Das Übergewicht besaßen und behielten die aus Nordwestdeutschland stammenden Kaufleute der Gildhalle, und da diese nicht nur in England Handel trieben, sondern alle Ost- und Nordseeländer als ihr Handelsgebiet betrachteten, nach Schonen, Gotland, Bergen, Nowgorod und nach Brügge fuhren, wo sie ja ebenfalls eigene Häuser oder Niederlassungen besaßen, so bezeichneten sie sich auch dort als Hansebrüder und wurden so genannt. So nannte sie auch König Magnus, und als er im Jahre 1343 den sechs wendischen Städten besondere Handelsvorrechte in Norwegen gewährte, kamen diese zugleich *«universis mercatoribus de hansa Theutonicorum»* zugute.

Es ist hier bisher immer nur die Rede von den *Kaufleuten*, die eine Hanse bildeten – wann aber haben sich die niederdeutschen *Städte* zu dem großen Hansebund zusammengeschlossen, der in der Folge machtvoller als der Kaiser in die Geschicke Norddeutschlands eingreifen, Kriege führen und Könige und Reiche besiegen konnte? Das ist leichter gefragt als beantwortet: man kann bis in das Jahr 1256 zurückgreifen, in dem die «wendischen» Seestädte in Wismar zu einer Bundestätigkeit zusammentraten, sucht man aber nach einer sicheren Jahreszahl, dann ist es am besten, darauf hinzuweisen, daß die Städte der Deutschen Hanse im Jahre 1358 imstande waren, eine Handelssperre über Flandern zu verhängen, die in Lübeck beschlossen und in Vollmacht der Städtevertreter in Lübeck besiegelt wurde. Der Bund bestand also in diesem Jahre bereits und hatte sich endgültig aus den allmählich zusammengeschlossenen Genossenschaften deutscher Kaufleute im Ausland zu einem großen Städtebund unter der, man kann sagen selbstverständlichen Führung Lübecks umgebildet. Die Flandrer gaben den Anstoß durch die Bedrükkungen, die sich die «menen kopmanne von Alemannien van der Dudeschen hense», vornehmlich derjenigen, «de to Brugge pleghen to wesende» nicht länger gefallen lassen wollten. Die Sperre wurde mit aller Schärfe durchgeführt und erstreckte sich über das ganze Nordseegebiet, über England, Schottland und Norwegen und westwärts durch die Straße von Calais, um den Verkehr von allen ausländischen Häfen, von denen aus deutsche Schiffer und Kaufleute nach Flandern fahren konnten, zu unterbinden. Auf den 24. Juni 1359 berief Lübeck die Hansestädte zu einer Tagung, um die Handelssperre noch zu verschärfen, aber auch um den Kampf gegen Seeräuber aufzunehmen.

Die Sperre führte zu einem vollen Erfolg für den Hansebund, weniger glücklich war der im Jahre 1360 beschlossene Krieg gegen Dänemark, was aber das Machtgefühl des Bundes nicht lähmen konnte. Beim Friedensschluß von Wordingborg werden die Städte mit einbegriffen, «de mit en in ereme rechte sin, dat de Dudesche henze geheten is». Hier wird also die Bedeutung des Wortes Hanse klar ausgesprochen als ein Recht (a.a.O. *«jus quod vulgariter hansa dicitur»*). Und tatsächlich hat man darunter die zusammengefaßten Rechte zu verstehen, die die deutschen Kaufleute sich erworben und erkämpft hatten.

Der Städtebund der Hansebrüder war eine kraftvolle

Einheit, die auch alle ausländischen Niederlassungen der niederdeutschen Kaufleute umfaßte. Er hatte die Macht, seinen Beschlüssen Gesetzeskraft zu geben und eine Geltung, die sich über das ganze weite Gebiet erstreckte.

Die Zahl der Städte, die zur Hanse gehörten, läßt sich auch nicht ohne weiteres feststellen; als sich der Bund im 14. Jahrhundert voll entwickelt hatte, gehörten ihm mehr als siebzig Städte an. An der Spitze standen die «wendischen Städte», dann kamen die sächsischen, die märkischen, die pommerschen, preußischen und baltischen Städte, aber auch Breslau, und selbst das polnische Krakau, das freilich bis ins 15. Jahrhundert deutsche Rechtssprache hatte, gehörte zum Hansebund.

Lübeck verdankt gewiß sehr viel seiner günstigen Lage im Ostseewinkel, von wo aus der Handelsverkehr sich besser entfalten konnte als anderswo in Niederdeutschland. Das Hauptverdienst muß man aber doch den Männern zuschreiben, die die Geschicke der Stadt so sicher und kraftvoll leiteten, daß Lübeck bereits in den Tagen Rudolfs von Habsburg alle ihre Schwesterstädte und selbst Wisby überflügelt hatte. Schon im Jahre 1237 brachte man die Urkunde, in der Heinrich III. den sogenannten Gotländer Kaufleuten Handelsfreiheit in England zusicherte, nicht mehr nach Wisby, sondern auf die Trese nach Lübeck, und im Jahre 1293 wurde in Rostock von 24 Städten beschlossen, daß bei Rechtsstreitigkeiten deutscher Kaufleute von nun an Lübeck die letzte Entscheidung zu treffen habe, daß also nicht mehr nach Nowgorod, sondern nach Lübeck Berufung eingelegt werden müsse. Das war nicht nur eine Anerkennung der überragenden Stellung Lübecks, sondern auch eine Folge der weiten Geltung des Lübischen Rechts, das für seine Zeit ein Meisterstück war.

Lübeck wurde der Vorsitz im Hansabund nicht erst durch eine besondere Wahl übertragen. Im wendischen

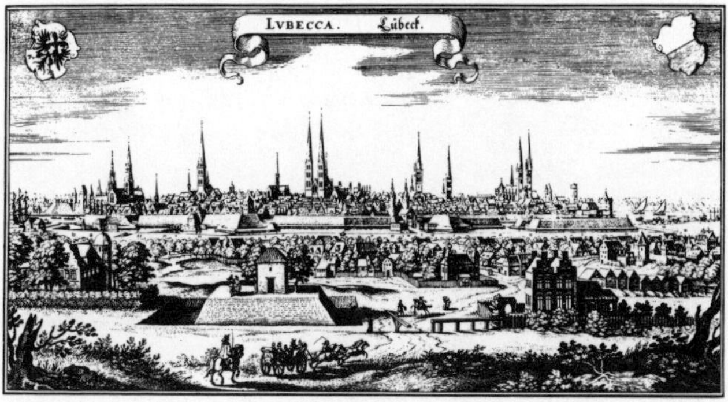

Ansicht der Stadt Lübeck
(Kupferstich von Matthäus Merian, 1653)

Städtebund hatte unsere Stadt von vornherein die Führung; das war bald auch in allen Kontoren der Fall, und so konnte es auch gar nicht ausbleiben, daß in der Zeit, als die Vereinigung der Hansestädte fertig war, auch hier Lübeck an die Spitze kam. Lübeck hatte die bedeutendsten Staatsmänner im Rat, die erfahrensten und reichsten Kaufleute und viele große Schiffe und war mächtig zu Wasser und zu Land. So wuchs Lübeck ganz von selbst zur *Königin* des Hansebundes empor.

Die hansische Geschichte ist zum großen Teil auch die Geschichte Lübecks; und die Glanzzeit der Hanse warf ihre vergoldenden Strahlen unvergänglich auf unsere Stadt.

THOMAS MANN

Revolution

Konsul Buddenbrook durchschritt eilig sein weitläufiges Grundstück. Als er in die Bäckergrube hinaustrat, vernahm er hinter sich Schritte und erblickte den Makler Gosch, welcher, malerisch in seinen langen Mantel gehüllt, gleichfalls die schräge Straße hinauf zur Sitzung strebte. Während er mit der einen seiner langen und mageren Hände den Jesuitenhut lüftete und mit der anderen eine glatte Gebärde der Demut vollführte, sprach er mit gepreßter und verbissener Stimme: «Herr Konsul ... ich grüße Sie!»

Dieser Makler Sigismund Gosch, ein Junggeselle von etwa vierzig Jahren, war trotz seines Gebarens der ehrlichste und gutmütigste Mensch von der Welt; nur war er ein Schöngeist, ein origineller Kopf. Sein glattrasiertes Gesicht zeichnete sich aus durch eine gebogene Nase, ein spitz hervorspringendes Kinn, scharfe Züge und einen breiten, abwärts gezogenen Mund, dessen schmale Lippen er in verschlossener und bösartiger Weise zusammenpreßte. Es war sein Bestreben – und es gelang ihm nicht übel –, ein wildes, schönes und teuflisches Intrigantenhaupt zur Schau zu stellen, eine böse, hämische, interessante und furchtgebietende Charakterfigur zwischen Mephistopheles und Napoleon ... Sein ergrautes Haar war tief und düster in die Stirn gestrichen. Er bedauerte aufrichtig, nicht bucklig zu sein. – Er war eine fremdartige und liebenswürdige Erscheinung unter den Bewohnern der alten Handelsstadt. Er gehörte zu ihnen, weil er in aller Bürgerlichkeit ein kleines, solides und in seiner Bescheidenheit geachtetes Vermittlungsgeschäft betrieb; in seinem engen, dunklen Kontor aber stand ein großer Bücherschrank, der mit Dichtwerken in allen Sprachen gefüllt war, und es ging das Gerücht, daß er seit seinem zwanzigsten Jahre an einer Übersetzung von Lope de Vegas sämtlichen Dramen arbeite ... Einmal jedoch hatte er bei einer Liebhaberaufführung von Schillers «Don Carlos» den Domingo gespielt. Dies war der Höhepunkt seines Lebens. – Niemals war ein unedles Wort über seine Lippen gekommen, und selbst in geschäftlichen Gesprächen brachte er die üblichen Redewendungen nur zwischen den Zähnen und mit einem Mienenspiele hervor, als wollte er sagen: «Schurke, ha! Im Grab verfluch' ich deine Ahnen!» Er war, in mancher Beziehung, der Erbe und Nachfolger des seligen Jean Jacques Hoffstede; nur daß sein Wesen düsterer und pathetischer war, und daß ihm nichts von der scherzhaften Heiterkeit eignete, die der Freund des älteren Johann Buddenbrook aus dem vorigen Jahrhundert herübergerettet hatte. – Eines Tages verlor er an der Börse mit einem Schlage sechs und einen halben Kuranttaler an zwei oder drei Papieren, die er spekulativerweise gekauft hatte. Da riß sein dramatisches Empfinden ihn mit sich fort, und er gab eine Vorstellung. Er ließ sich auf einer Bank nieder in einer Haltung, als habe er die Schlacht bei Waterloo verloren, preßte eine geballte Faust gegen die Stirn und wiederholte mehrere Male mit einem gotteslästerlichen Augenaufschlag: «Ha, verflucht!» Da die kleinen, ruhigen, sicheren Gewinste, die er beim Verkaufe dieses oder jenes Grundstückes einstrich, ihn im Grunde langweilten, so war dieser Verlust, dieser tragische Schlag, mit dem der Himmel ihn, den Intriganten, getroffen, ein Genuß, ein Glück für ihn, an dem er wochenlang zehrte. Auf die Anrede: «Ich höre, Sie haben Unglück gehabt, Herr Gosch? Das tut mir leid ...», pflegte er zu antworten: «Oh, mein werter Freund! Uomo non educato dal dolore riman sempre bambino!» Begreiflicherweise verstand das niemand. War es von Lope de Vega? Fest stand, daß dieser

Sigismund Gosch ein gelehrter und merkwürdiger Mensch war.

«Welche Zeiten, in denen wir leben!» sagte er zu Konsul Buddenbrook, während er, in gebückter Haltung auf seinen Stock gestützt, neben ihm die Straße hinaufschritt. «Zeiten des Sturmes und der Bewegung!»

«Da haben Sie recht», erwiderte der Konsul. Die Zeiten seien bewegt. Man dürfe auf die heutige Sitzung gespannt sein. Das ständische Prinzip . . .

«Nein, hören Sie!» fuhr Herr Gosch zu sprechen fort. «Ich bin den ganzen Tag unterwegs gewesen, ich habe den Pöbel beobachtet. Es waren herrliche Burschen darunter, das Auge flammend von Haß und Begeisterung . . .»

Johann Buddenbrook fing an zu lachen. «Sie sind mir der Rechte, mein Freund! Sie scheinen Gefallen daran zu finden? Nein, erlauben Sie mir . . . eine Kinderei, das alles! Was wollen diese Menschen? Eine Anzahl ungezogener junger Leute, die die Gelegenheit benützen, ein bißchen Spektakel zu machen . . .»

«Gewiß! Allein man kann nicht leugnen . . . Ich war dabei, als Schlachtergeselle Berkemeyer Herrn Benthiens Fensterscheibe zerwarf . . . Er war wie ein Panther!» Das letzte Wort sprach Herr Gosch mit besonders fest zusammengebissenen Zähnen und fuhr dann fort: «Oh, man kann nicht leugnen, daß die Sache ihre erhabene Seite besitzt! Es ist endlich einmal etwas anderes, wissen Sie, etwas Unalltägliches, Gewalttätiges, Sturm, Wildheit . . . ein Gewitter . . . Ach, das Volk ist unwissend, ich weiß es! Jedoch mein Herz, dieses mein Herz, es ist mit ihm . . .» Sie waren schon vor das einfache, mit gelber Ölfarbe gestrichene Haus gelangt, in dessen Erdgeschoß sich der Sitzungssaal der Bürgerschaft befand.

Dieser Saal gehörte zu der Bier- und Tanzwirtschaft einer Witwe namens Suerkringel, stand aber an gewissen

Tagen den Herren von der «Bürgerschaft» zur Verfügung. Von einem schmalen, gepflasterten Korridor aus, an dessen rechter Seite sich Restaurationslokalitäten befanden, und auf dem es nach Bier und Speisen roch, betrat man linkerhand durch eine aus grüngestrichenen Brettern gefertigte Tür, die weder Griff noch Schloß besaß und so schmal und niedrig war, daß niemand hinter ihr einen so großen Raum vermutet hätte. Der Saal war kalt, kahl, scheunenartig, mit geweißter Decke, an der die Balken hervortraten, und geweißten Wänden; seine drei ziemlich hohen Fenster hatten grüngemalte Kreuze und waren ohne Gardinen. Ihnen gegenüber erhoben sich amphitheatralisch aufsteigend die Sitzreihen, an deren Fuß ein grün gedeckter, mit einer großen Glocke, Aktenstücken und Schreibutensilien geschmückter Tisch für den Wortführer, den Protokollführer und die anwesenden Senatskommissare bestimmt war. An der Wand, die den Türen gegenüberlag, waren mehrere hohe Garderobenhalter mit Mänteln und Hüten bedeckt.

Stimmengewirr schlug dem Konsul und seinem Begleiter entgegen, als sie hintereinander durch die schmale Tür den Saal betraten. Sie waren ersichtlich die letzten, die ankamen. Der Raum war gefüllt mit Bürgern, welche, die Hände in den Hosentaschen, auf dem Rücken, in der Luft, in Gruppen beieinanderstanden und disputierten. Von den hundertzwanzig Mitgliedern der Körperschaft waren sicherlich hundert versammelt. Eine Anzahl von Abgeordneten der Landbezirke hatte es unter den obwaltenden Umständen vorgezogen, zu Hause zu bleiben.

Dem Eingang zunächst stand eine Gruppe, die aus kleineren Leuten, aus zwei oder drei unbedeutenden Geschäftsinhabern, einem Gymnasiallehrer, dem «Waisenvater» Herrn Mindermann und Herrn Wenzel, dem beliebten Barbier, bestand. Herr Wenzel, ein kleiner, kräftiger Mann mit schwarzem Schnurrbart, intelligentem Gesicht und roten Händen, hatte den Konsul noch heute morgen rasiert; hier jedoch war er ihm gleichgestellt. Er rasierte nur in den ersten Kreisen, er rasierte fast ausschließlich die Möllendorpfs, Langhals', Buddenbrooks und Oeverdiecks, und seiner Allwissenheit in städtischen Dingen, seiner Umgänglichkeit und Gewandtheit, seinem bei aller Unterordnung merklichen Selbstbewußtsein verdankte er seine Wahl in die Bürgerschaft.

«Wissen Herr Konsul das Neueste?» rief er eifrig und mit ernsten Augen seinem Gönner entgegen ...

«Was soll ich wissen, mein lieber Wenzel?»

«Man konnte es heute morgen noch nicht erfahren haben ... Herr Konsul entschuldigen, es ist das Neueste! Das Volk zieht nicht vor das Rathaus oder auf den Markt! Es kommt hierher und will die Bürgerschaft bedrohen! Redakteur Rübsam hat es aufgewiegelt ...»

«Ei, nicht möglich!» sagte der Konsul. Er drängte sich zwischen den vorderen Gruppen hindurch nach der Mitte des Saales, wo er seinen Schwiegervater zusammen mit den anwesenden Senatoren Doktor Langhals und James Möllendorpf erblickte. «Ist es denn wahr, meine Herren?» fragte er, indem er ihnen die Hände schüttelte ...

In der Tat, die ganze Versammlung war voll davon; die Tumultuanten zogen hierher, sie waren schon zu hören ...

«Die Canaille!» sagte Lebrecht Kröger kalt und verächtlich. Er war in seiner Equipage hierhergekommen. Die hohe, distinguierte Gestalt des ehemaligen à-la-mode-Kavaliers begann, unter gewöhnlichen Umständen von der Last seiner achtzig Jahre gebeugt zu werden; heute aber stand er ganz aufrecht, mit halb geschlossenen Augen, die Mundwinkel, über denen die kurzen Spitzen seines weißen Schnurrbartes senkrecht emporstarrten, vornehm und geringschätzig gesenkt. An seiner schwarzen Sammetweste blitzten zwei Reihen von Edelsteinknöpfen ...

Unweit dieser Gruppe gewahrte man Hinrich Hagenström, einen untersetzten, beleibten Herrn mit rötlichem, ergrautem Backenbart, einer dicken Uhrkette auf der blaukarierten Weste und offenem Leibrock. Er stand zusammen mit seinem Kompagnon, Herrn Strunck, und grüßte den Konsul durchaus nicht.

Weiterhin hatte der Tuchhändler Benthien, ein wohlhabend aussehender Mann, eine große Anzahl anderer Herren um sich versammelt, denen er haarklein erzählte, wie es sich mit seiner Fensterscheibe begeben habe ... «Ein Ziegelstein, ein halber Ziegelstein, meine Herren! Krach ... hindurch und dann auf eine Rolle grünen Rips ... Das Pack! ... Nun, es ist Sache des Staates ...»

In irgendeinem Winkel vernahm man unaufhörlich die Stimme des Herrn Stuht aus der Glockengießerstraße, welcher, einen schwarzen Rock über dem wollenen Hemd, sich an der Auseinandersetzung beteiligte, indem er mit entrüsteter Betonung beständig wiederholte: «Unerhörte Infamie!» – Übrigens sagte er «Infamje».

Johann Buddenbrook ging umher, um hier seinen alten Freund C. F. Köppen, dort den Konkurrenten desselben, Konsul Kistenmaker, zu begrüßen. Er drückte dem Doktor Grabow die Hand und wechselte ein paar Worte mit dem Branddirektor Gieseke, dem Baumeister Voigt, dem Wortführer Doktor Langhals, einem Bruder des Senators, mit Kaufleuten, Lehrern und Advokaten ...

Die Sitzung war nicht eröffnet, aber die Debatte war äußerst rege. Alle Herren verfluchten diesen Skribifax, diesen Redakteur, diesen Rübsam, von dem man wußte, daß er die Menge aufgewiegelt habe ... und zwar wozu? Man war hier, um festzustellen, ob das ständische Prinzip in der Volksvertretung beizubehalten oder das allgemeine und gleiche Wahlrecht einzuführen sei. Der Senat hatte bereits das letztere beantragt. Was aber wollte das Volk? Es wollte den Herren an den Kragen, das war alles. Es war, zum Teufel, die faulste Lage, in der sich die Herren jemals befunden hatten! Man umringte die Senatskommissare, um ihre Meinung zu erfahren. Man umringte auch Konsul Buddenbrook, der wissen mußte, wie Bürgermeister Oeverdieck sich zu der Sache verhielt; denn seitdem im vorigen Jahre Senator Oeverdieck, ein Schwager Konsul Justus Krögers, Senatspräsident geworden war, waren Buddenbrooks mit dem Bürgermeister verwandt, was sie in der öffentlichen Achtung beträchtlich hatte steigen lassen . . .

Plötzlich schwoll draußen das Getöse an . . . Die Revolution war unter den Fenstern des Sitzungssaales angelangt! Mit einem Schlage verstummten die erregten Meinungsäußerungen hier drinnen. Man faltete, stumm vor Entsetzen, die Hände auf dem Bauch und sah einander ins Gesicht oder auf die Fenster, hinter denen sich Fäuste erhoben und ein ausgelassenes, unsinniges und betäubendes Ho- und Högeheul die Luft erfüllte. Dann jedoch, ganz überraschend, als ob die Aufständischen selbst über ihr Betragen erschrocken gewesen wären, ward es draußen ebenso still wie im Saale, und in der tiefen Lautlosigkeit, die sich über das Ganze legte, ward lediglich in der Gegend der untersten Sitzreihen, wo Lebrecht Kröger sich niedergelassen hatte, ein Wort vernehmbar, das kalt, langsam und nachdrücklich sich dem Schweigen entrang: *«Die Canaille!»*

Gleich darauf tat in irgendeinem Winkel ein dumpfes und entrüstetes Organ den Ausspruch: «Unerhörte Infamje!»

Und dann flatterte plötzlich die eilige, zitternde und geheimnisvolle Stimme des Tuchhändlers Benthien über die Versammlung hin . . .

«Meine Herren . . . meine Herren . . . hören Sie auf mich . . . Ich kenne das Haus . . . Wenn man auf den Boden steigt, so gibt es da eine Dachluke ... Ich habe schon als Junge Katzen dadurch geschossen ... Man kann ganz gut aufs Nachbardach klettern und sich in Sicherheit bringen ...»

«Nichtswürdige Feigheit!» zischte der Makler Gosch zwischen den Zähnen. Er lehnte mit verschränkten Armen am Wortführertische und starrte, gesenkten Hauptes, mit einem grauenerregenden Blick zu den Fenstern hinüber.

«Feigheit, Herr? Wieso? Gottesdunner ... Die Leute werfen mit Ziegelsteinen! Ick heww da nu 'naug von ...»

In diesem Augenblick wuchs draußen der Lärm von neuem an; aber ohne sich wieder zu der anfänglichen stürmischen Höhe zu erheben, tönte er nun ruhig und ununterbrochen fort, ein geduldiges, singendes und beinahe vergnügt klingendes Gesumme, in welchem man hie und da Pfiffe sowie einzelne Ausrufe wie «Prinzip!» und «Bürgerrecht!» unterschied. Die Bürgerschaft lauschte mit Andacht.

«Meine Herren», sprach nach einer Weile der Wortführer Herr Doktor Langhals mit gedämpfter Stimme über die Versammlung hin. «Ich hoffe, mich mit Ihnen im Einverständnis zu befinden, wenn ich nunmehr die Sitzung eröffne ...»

Das war ein unmaßgeblicher Vorschlag, dem aber weit und breit nicht die geringste Unterstützung zuteil wurde.

«Da bün ich nich für tau haben», sagte jemand mit einer biederen Entschlossenheit, die keinen Einwand gestattete. Es war ein bäuerlicher Mann namens Pfahl, aus dem Ritzerauer Landbezirk, der Deputierte für das Dorf Klein-Schretstaken. Niemand erinnerte sich, seine Stimme schon einmal in den Verhandlungen vernommen zu haben; allein in der gegenwärtigen Lage fiel die Meinung auch des schlichtesten Kopfes schwer ins Gewicht ... Unerschrokken und mit sicherem politischem Instinkt hatte Herr Pfahl der Anschauung der gesamten Bürgerschaft Ausdruck verliehen.

«Gott soll uns bewahren!» sagte Herr Benthien entrüstet. «Da oben auf den Sitzen kann man von der Straße aus gesehen werden! Die Leute werfen mit Ziegelsteinen! Nee, Gottesdunner, ick heww da nu 'naug von . . .»

«Daß auch die verfluchte Tür so eng ist!» stieß der Weinhändler Köppen verzweifelt hervor. «Wenn wir hinaus wollen, drücken wir ja wol dot . . . drücken wir uns ja wol!»

«Unerhörte Infamje», sprach dumpf Herr Stuht.

«Meine Herren!» begann der Wortführer eindringlich aufs neue. «Ich bitte Sie, doch zu erwägen . . . Ich habe binnen drei Tagen eine Ausfertigung des heute zu führenden Protokolles dem regierenden Bürgermeister zuzustellen . . . Überdies erwartet die Stadt die Veröffentlichung durch den Druck. Ich möchte jedenfalls zur Abstimmung darüber schreiten, ob die Sitzung eröffnet werden soll . . .»

Aber abgesehen von einigen wenigen Bürgern, die den Wortführer unterstützten, fand sich niemand, der bereit gewesen wäre, zur Tagesordnung überzugehen. Eine Abstimmung hätte sich als zwecklos erwiesen. Man durfte das Volk nicht reizen. Niemand wußte, was es wollte. Man durfte es nicht durch einen Beschluß nach irgendeiner Richtung hin vor den Kopf stoßen. Man mußte abwarten und sich nicht regen. Von der Marienkirche schlug es halb fünf . . .

Man bestärkte einander in dem Entschlusse, geduldig auszuharren. Man begann, sich an das Geräusch zu gewöhnen, das dort draußen anschwoll, abnahm, pausierte und wieder einsetzte. Man fing an, ruhiger zu werden, sich's bequemer zu machen, sich auf den unteren Sitzreihen und den Stühlen niederzulassen . . . Die Betriebsamkeit all dieser tüchtigen Bürger begann sich zu regen . . .

Man wagte hie und da, über Geschäfte zu sprechen, hie und da sogar ein Geschäft zu machen ... Die Makler näherten sich den Großkaufleuten ... Die eingeschlossenen Herren plauderten miteinander wie Leute, die während eines heftigen Gewitters beisammensitzen, von anderen Dingen reden und manchmal mit ernsten und respektvollen Gesichtern auf den Donner horchen. Es wurde fünf Uhr, halb sechs Uhr, und die Dämmerung sank. Dann und wann seufzte jemand darüber, daß seine Frau mit dem Kaffee warte, worauf Herr Benthien sich erlaubte, die Dachluke in Erinnerung zu bringen. Aber die meisten dachten darüber wie Herr Stuht, der mit einem fatalistischen Kopfschütteln erklärte: «Ich bin ja doch zu dick dazu!»

Johann Buddenbrook hatte sich, eingedenk der Mahnung der Konsulin, neben seinem Schwiegervater gehalten, und er betrachtete ihn etwas besorgt, als er ihn fragte: «Dies kleine Abenteuer geht Ihnen hoffentlich nicht nahe, Vater?»

Unter dem schneeweißen Toupet waren auf Lebrecht Krögers Stirn zwei bläuliche Adern in besorgniserregender Weise geschwollen, und während die eine seiner aristokratischen Greisenhände mit den opalisierenden Knöpfen an seiner Weste spielte, zitterte die andere, mit einem großen Brillanten geschmückt, auf seinen Knien.

«Papperlapapp, Buddenbrook!» sagte er mit sonderbarer Müdigkeit. «Ich bin ennuyiert, das ist das Ganze.» Aber er strafte sich selber Lügen, indem er plötzlich hervorzischte: «Parbleu, Jean! Man müßte diesen infamen Schmierfinken den Respekt mit Pulver und Blei in den Leib knallen ... Das Pack ...! Die Canaille ...!»

Der Konsul summte begütigend. «So ... so ... Sie haben ja recht, es ist eine ziemlich unwürdige Komödie ... Aber was soll man tun? Man muß gute Miene machen. Es wird Abend. Die Leute werden schon abziehen ...»

«Wo ist mein Wagen? ... Ich befehle meinen Wagen!» kommandierte Lebrecht Kröger gänzlich außer sich. Seine Wut explodierte, er bebte am ganzen Leibe. «Ich habe ihn auf fünf Uhr bestellt ... Wo ist er? ... Die Sitzung wird nicht abgehalten ... Was soll ich hier? ... Ich bin nicht gesonnen, mich narren zu lassen! ... Ich will meinen Wagen! Insultiert man meinen Kutscher? Sehen Sie nach, Buddenbrook!»

«Lieber Schwiegervater, um Gottes willen, beruhigen Sie sich! Sie alterieren sich ... das bekommt Ihnen nicht! Selbstverständlich ... ich gehe nun, mich nach Ihrem Wagen umzusehen. Ich selbst bin dieser Lage überdrüssig. Ich werde mit den Leuten sprechen, sie auffordern, nach Hause zu gehen ...»

Und obgleich Lebrecht Kröger protestierte, obgleich er mit plötzlich ganz kalter und verächtlicher Betonung befahl: «Halt, hiergeblieben! Sie vergeben sich nichts, Buddenbrook!» schritt der Konsul schnell durch den Saal.

Dicht bei der kleinen grünen Tür wurde er von Siegismund Gosch eingeholt, der ihn mit knochiger Hand am Arm ergriff und mit gräßlicher Flüsterstimme fragte: «Wohin, Herr Konsul? ...»

Das Gesicht des Maklers war in tausend tiefe Falten gelegt. Mit dem Ausdruck wilder Entschlossenheit schob sich sein spitzes Kinn fast bis zur Nase empor, sein graues Haar fiel düster in Schläfen und Stirn, und er hielt seinen Kopf so tief zwischen den Schultern, daß es ihm wahrhaftig gelang, das Aussehen eines Verwachsenen zu bieten, als er hervorstieß: «Sie sehen mich gewillt, zum Volke zu reden!»

Der Konsul sagte: «Nein, lassen Sie mich das lieber tun, Gosch ... Ich habe wahrscheinlich mehr Bekannte unter den Leuten ...»

«Es sei!» antwortete der Makler tonlos. «Sie sind ein größerer Mensch als ich.» Und indem er seine Stimme erhob, fuhr er fort: «Aber ich werde Sie begleiten, ich werde an Ihrer Seite stehen, Konsul Buddenbrook! Mag die Wut der entfesselten Sklaven mich zerreißen . . .»

«Ach, welch ein Tag! Welch ein Abend!» sagte er, als sie hinausgingen . . . Sicherlich hatte er sich noch niemals so glücklich gefühlt. «Ha, Herr Konsul! Da ist das Volk!»

Die beiden hatten den Korridor überschritten und traten vor die Haustür hinaus, indem sie auf der oberen der drei schmalen Stufen stehenblieben, die auf das Trottoir führten. Die Straße bot einen befremdenden Anblick. Sie war ausgestorben, und an den offenen, schon erleuchteten Fenstern der umliegenden Häuser gewahrte man Neugierige, die auf die schwärzliche, sich vorm Bürgerschaftshause drängende Menge der Aufrührer hinabblickten. Diese Menge war an Zahl nicht viel stärker als die Versammlung im Saale und bestand aus jugendlichen Hafen- und Lagerarbeitern, Dienstmännern, Volksschülern, einigen Matrosen von Kauffahrteischiffen und anderen Leuten, die in den geringen Stadtgegenden, in den «Twieten», «Gängen», «Wischen» und «Höfen» zu Hause waren. Auch drei oder vier Frauen waren dabei, die sich von diesem Unternehmen wohl ähnliche Erfolge versprachen wie die Buddenbrooksche Köchin. Einige Empörer, des Stehens müde, hatten sich, die Füße im Rinnstein, auf den Bürgersteig gesetzt und aßen Butterbrot.

Es war bald sechs Uhr, und obgleich die Dämmerung weit vorgeschritten war, hingen die Öllampen unangezündet an ihren Ketten über der Straße. Diese Tatsache, diese offenbare und unerhörte Unterbrechung der Ordnung, war das erste, was den Konsul Buddenbrook aufrichtig erzürnte, und sie war schuld daran, daß er in ziemlich kurzem und ärgerlichem Tone zu sprechen begann: «Lüd, wat is dat nu bloß für dumm Tüg, wat ji da anstellt!»

Die Vespernden waren vom Trottoir emporgesprungen.

Die Hinteren, jenseits des Fahrdammes, stellten sich auf die Zehenspitzen. Einige Hafenarbeiter, die im Dienste des Konsuls standen, nahmen ihre Mützen ab. Man machte sich aufmerksam, stieß sich in die Seiten und sagte gedämpft: «Dat's Kunsel Buddenbrook! Kunsel Buddenbrook will 'ne Red' hollen! Holl din Mul, Krischan, hei kann höllschen fuchtig warn! ... Dat's Makler Gosch ... kiek! Dat's so'n Aap! ... Is hei 'n beeten öwerspönig?»

«Corl Smolt!» fing der Konsul wieder an, indem er seine kleinen, tiefliegenden Augen auf einen etwa zweiundzwanzigjährigen Lagerarbeiter mit krummen Beinen richtete, der, die Mütze in der Hand und den Mund voll Brot, unmittelbar vor den Stufen stand. «Nu red' mal, Corl Smolt! Nu is' Tiet! Ji heww hier den leewen langen Namiddag bröllt ...»

«Je, Herr Kunsel ...», brachte Corl Smolt kauend hervor. «Dat's nu so 'n Saak ... öäwer ... Dat is nu so wied ... Wi maaken nu Revolutschon.»

«Wat's dat för Undög, Smolt!»

«Je, Herr Kunsel, dat seggen Sei woll, öäwer dat is nu so wied ... wi sünd nu nich mihr taufreeden mit de Saak ... Wi verlangen nu ne anner Ordnung, un dat is ja ook gor nich mihr, daß dat *wat* is ...»

«Hür mal, Smolt, un ihr annern Lüd! Wer nu 'n verstännigen Kierl is, der geht naa Hus un schert sich nich mihr um Revolution und stört hier nich de Ordnung ...»

«Die heilige Ordnung!» unterbrach Herr Gosch ihn zischend ...

«De Ordnung, segg ick!» beschloß Konsul Buddenbrook. «Nicht mal die Lampen sind angezündet ... Dat geiht denn doch tau wied mit de Revolution!»

Corl Smolt aber hatte nun seinen Bissen verschluckt, und die Menge im Rücken, stand er breitbeinig da und hatte seine Einwände ...

«Je, Herr Kunsel, dat seggen Sei woll! Öäwer dat is man bloß wegen das allgemeine Prinzip von dat Wahlrecht ...»

«Großer Gott, du Tropf!» rief der Konsul und vergaß, platt zu sprechen vor Indignation ... «Du redest ja lauter Unsinn ...»

«Je, Herr Kunsel», sagte Corl Smolt ein bißchen eingeschüchtert; «dat is nu allens so, as dat is. Öäwer Revolutschon mütt sien, dat is tau gewiß. Revolutschon is öwerall, in Berlin und in Poris ...»

«Smolt, wat wull Ji nu eentlich! Nu seggen Sie dat mal!»

«Je, Herr Kunsel, ick segg man bloß: wi wull nu 'ne Republike, segg ick man bloß ...»

«Öwer du Döskopp ... Ji *heww* ja schon een!»

«Je, Herr Kunsel, denn wull wi noch een.»

Einige der Umstehenden, die es besser wußten, begannen schwerfällig und herzlich zu lachen, und obgleich die wenigsten die Antwort Corl Smolts verstanden hatten, pflanzte diese Heiterkeit sich fort, bis die ganze Menge der Republikaner in breitem und gutmütigem Gelächter stand. An den Fenstern des Bürgerschaftssaales erschienen mit neugierigen Gesichtern einige Herren mit Bierseideln in den Händen ... Der einzige, den diese Wendung der Dinge enttäuschte und schmerzte, war Siegismund Gosch.

«Na Lüd», sagte schließlich Konsul Buddenbrook, «ick glöw, dat is nu dat beste, wenn ihr alle naa Hus gaht!»

Corl Smolt, gänzlich verdutzt über die Wirkung, die er hervorgebracht, antwortete: «Je, Herr Kunsel, dat is nu so, un denn möht man de Saak je woll up sick beruhn laten, un ick bün je ook man froh, dat Herr Kunsel mi dat nich öwelnehmen daut, un adjüs denn ook, Herr Kunsel ...»

Die Menge fing an, sich in der allerbesten Laune zu zerstreuen.

«Smolt, töf mal 'n Oogenblick!» rief der Konsul. «Segg mal, hast du den Krögerschen Wagen nich seihn?»

«Jewoll, Her Kunsel! De is kamen. De is doar unnerwarts upp Herr Kunsel sin Hoff ruppfoahrn . . .»

«Schön; denn loop mal fixing hin, Smolt, un seg tau Jochen, hei sall mal 'n beeten rannerkommen; sin Herr will naa Hus.»

«Jewoll, Herr Kunsel!» . . . Und indem er seine Mütze auf den Kopf warf und den Lederschirm ganz tief in die Augen zog, lief Corl Smolt mit breitspurigen, wiegenden Schritten die Straße hinunter.

IDA BOY-ED

Der Dorfdiplomat

Chrischan Albers, der Schulze, nahm seinen kleinen Imbiß, mit dem er sich zwischen dem Morgenkaffee und dem Mittagbrot noch zu stärken pflegte. Im Sonnenschein auf der Holzplatte des Tisches stand das Schnapsgläschen dick gegossen und plump, man sah die kleinen Blasen im Guß des Glases. Die harte, geräucherte Mettwurst, einem kleinen Knüppel ähnlich, lag daneben.

Chrischan Albers sah zum Fenster hinüber und plierte mit den Augen, denn die weiße Schneedecke, die grell besonnt draußen über dem Hof lag, blendete ihn sehr. Mit seinem klobigen Taschenmesser hatte er sich ein Stück Wurst abgeschnitten und hielt das Messer nun wie ein Szepter in der Faust auf dem Tisch. Die mit weißen Fettstückchen durchfleckte rote Wurstscheibe saß, einer Blume gleich, oben auf der Messerspitze.

Die Tür tat sich auf, nach einem vorhergegangenen kleinen Bums von draußen gegen ihr Holz. Dieses kurze Anbumsen sollte wohl das Anklopfen ersetzen. Ohne das «Herein» abzuwarten, kam der Gemeindediener in die Stube.

An seinen Schmierstiefeln saß der Schnee. Er hatte ungeheure gestrickte Fausthandschuhe an den Händen. Das bartlose Bauerngesicht war ihm rot von der Kälte; es sah aus einem gestrickten braunen Schal heraus, den der Mann sich über Mütze und Ohren gebunden, unterm Kinn verschlungen und im Nacken geknotet hatte; die Schalenden mit den Wollfadenfransen hingen auf dem Rücken.

«Na, Schröder?» fragte der Schulze.

«Djä – nu is Nummer söben da!»

Diese Nachricht kam ja nicht unerwartet, aber der Schulze begrüßte sie doch mit einem Fluch. Dann fragte er: «Wist'n Kümmel, Schröder?»

«Ümmer derjenigte welcher», sagte Schröder.

Der Schulze leerte noch einmal rasch das Gläschen und füllte es dann mit Beobachterblick, langsam den dünnen, vorsichtigen Fluß des Schnapses aus dem Flaschenhals wägend.

«Wat segt denn Trien-Lieschen nu? Hett se düttmal 'n Vadder darto?»

«Gott, Albers, frag doch nich so dumm! Dat is dje ümmer de sülbe Kram. Se will ümmer partouh nich weten, wieso se darto kamen is.»

«Hinnerk Böbs?»

«Ach wat! De is in'n stande und swört dat av. Da fang man nich erst von an! Is die dat bie de ersten sös glückt, den Vadder to finn'n?»

Schröder, dem der Schnee von den Stiefeln wegschmolz und rings um seine Sohlen den Fußboden näßte, setzte jetzt erst sein Schnapsglas an die Lippen.

«An Trien-Lieschen un all ehr Gören geiht de Gemein noch bankrutt. Wo schall dat herkamen? Dat kann das Dörp dje nich!» sagte der Schulze stöhnend.

Diese Person kostete der Gemeinde ein jammervolles Stück Geld.

Sie war ein Kind des Dorfes und hatte ihr Heimatrecht hier; dies Heimatrecht hatten auch alle ihre Kinder. Die ganze Gesellschaft lag dem Dorf auf der Tasche. Albers rechnete wieder einmal nach: unter fünfzig Mark pro Jahr nahm keiner eines von den Bälgen in Kost. Noch war der älteste nicht einmal so weit, daß man ihn hätte Schafe hüten lassen können. Wann konnten diese sieben sich selbst unterhalten?!

«Wo schall dat herkamen?» seufzte er vor sich hin.

Schröder setzte sich ihm gegenüber.

«Erst lat mie noch 'n lütten Kümmel kriegen – dann will ick die wat seggen – so . . .!» Er wischte sich mit dem Ärmel den Mund. «Ick weet, wie man ehr woll los warn kunn.»

«Na?»

«Kosten deiht dat aber wat. Umsünst ist dje nich mal de Dod. Tweehunnert un vielleicht föftig an Speesen – dat mut de Gemein da an wenn'n.»

«Wenn wie ehr da mit ehn för allemal los wärn . . . Un wer weet . . . de is in'n stand un makt dat Dutzend vull . . . wenn dien Middel radikal is, denn will ick de tweehunnert woll durchsetten.»

Schröder beugte sich über den Tisch vor und nahm Miene und Haltung eines an, der geheimnisvoll flüstern will. Er fing, wie er so dasaß, den Sonnenstrahlen den Weg zum Tisch ab; dafür prallten sie nun auf seinen krummen Rücken.

«Albers», raunte er, «wie verheiraten ehr.»

«Kunststück! Du büst dwatsch. Wo wist du 'n Mann darto finn'n? Un denn . . . damit sünd wir ehr nich los.»

«Nich hier. Keen'n ut de Gmein. Lat mie na Lübeck föhrn. Du weeßt: in de Penn', in de Depenau, da sünd immer Butjes nog. Ick sök mie eenen, de de lübecksche Staatsangehörigkeit hätt. Und mit tweehunnert Mark bar als Utstüer finn ick da eenen, de Trien-Lieschen samts ehr söben Gören nimmt.»

«Un denn? Wo lang meenst du, dat de tweehunnert vörhollen . . .?»

«Aber denn is Trien-Lieschen lübsch. Dat Heimatrecht von den Mann geiht doch up de Fro un de Kinner över . . . denn is Trien-Lieschen lübsch . . .»

«Schröder! Du büst 'n Diplemat! Du büst 'n Schenie!» rief Albers. «Man blot: will Trien-Lieschen ok?»

«Da bün ick nich bang vör . . .»

Die beiden Köpfe neigten sich über dem Tisch hin noch näher zueinander. Der Schnapsatem der Männer vermengte sich. Auf ihren grobzügigen, vom Wetter gegerbten, klugen Gesichtern glänzte das Pläsier an dem Plan, den sie genau besprachen.

Ihr Dorf lag im Holsteinischen, nahe an der Grenze des lübeckischen Freistaates.

«Naberslüd mütten enanner gefällig sien», sagte Schröder mit Grinsen; «in Lübeck sitt veel Geld. De hebben da so veel Stiftungen, dat se gar nich nog arme Lüd upbringen köhnt, um all dat Geld uptoeten. Da kümmt Trien-Lieschen in 'n Fett.»

Sie tranken den dritten Kümmel auf das gute Gelingen. Und zehn Tage später fuhr Schröder, die Tasche voll Geld, nach Lübeck.

Vor dem Strohschlitten trabte mit nickendem Kopf der Braune des Dorfschulzen. Nach zweistündiger Fahrt durch das weite, weißverschneite Gelände, das sich zuweilen in sanften Wellenlinien hob und senkte, erschienen am Horizont im bläulichen Dunst der Ferne die Lübecker Kirchtürme. Sie lagen weit auseinander und ließen so die langgestreckte Gestalt der Stadt erraten. Diesen Kirchtürmen mit ihren sich zu nadelscharfen Spitzen verjüngenden Kupferdächern, die fein und blaugrün wie hinter zarten Schleiern standen, nickte Schröder wohlwollend zu.

Nun kitzelte er den Braunen doch ein wenig mit der Peitsche, und es ging schneller. An der Straße die aufrechten Reiserbesen der kahlen Pappeln flogen nur so vorüber.

Die Türme wuchsen und bekamen starke Farbe. Die roten Backsteinmauern schimmerten warm, und die grünen Kupferdächer hoben sich kräftig von dem blauen Himmel ab. Unten zu Füßen der gewaltigen Kirchenbauten scharte sich ein buntes Häusergebreite, eingefaßt und durchsetzt vom schwarzbraunen Geäst alter Baumgruppen.

Schröder stellte Schlitten und Braunen in einer Wirtschaft ein. Er gönnte sich dann ein delikates Mahl von Schweineschwarzsauer, Backobst und Klößen. Er fühlte sich danach satt, warm, unternehmend und hatte eine Empfindung von großer Überlegenheit. Dann ging er in die kleine, Depenau genannte Straße. Sie führte zum Kai des Flusses hinab und war von kleinen Häusern eingefaßt. Mit der stattlichen Front des dereinstigen Patrizierhauses stand das zur Penne dienende Gebäude da.

Wohlgefällig hatte Schröder unterwegs gespürt, wie ihm der Atem vor dem Munde dampfte und in seinen Nasenlöchern gefror. Kälte macht die Not fühlbarer. Zweihundert Mark sind im Sommer für einen Butje nichts. Im Winter haben sie zehnfachen Wert.

In der Wirtsstube, wo es greulich nach Menschen, Stiefeln, Tabak und Schnaps roch, saßen nur drei schläfrige Kerle um den Tisch.

Schröder fragte nach Hinnerk Böbs, der gar nicht hier sein konnte. Dann ließ er eine «Pulle Köhm» kommen und lud die drei schläfrigen Kerle ein, mitzutrinken. Auf irgendeine Weise gelangte die Kunde, daß da ein spendabler Bauer in der Penne säße, an den Kai, wo ein Haufen Butjes frierend im Schnee herumstapfte. Bald hatte Schröder eine ganze Runde um sich und konnte sich die Leute wählend ansehen. Da waren ein paar Gewohnheitssäufer, von irgendeiner kleinen Rente lebend, die ihre Familie ihnen ausgesetzt haben mochte. Dann ein paar ganz verbrauchte und stumpfe Leute, die sich durch kleine Gelegenheitsarbeiten die paar Groschen zum Nachtquartier und Schnaps schafften. Schließlich einige kräftige, jüngere Männer, die durch Trägheit oder Trunk oder kleine Gefängnisstrafen erst kürzlich aus der bürgerlichen Bahn gekommen sein mochten.

Schröder dachte: «Wer veel fragt, kriegt veel Anword.» Und er fragte weiter nicht viel.

Einen der jüngeren Menschen, der sogar ganz stattlich ausgesehen haben würde, wenn sein Zeug etwas ordentlicher und seine Nase weniger rötlich gewesen wäre, nahm Schröder bald besonders aufs Korn. Der Mann hieß Johein Kruse, war gelernter Tischler, durch allerlei «Pech» bis hierher herabgekommen und ein Lübecker Kind.

«Dat is mien Mann!» sagte sich Schröder. «Wenn Trien-Lieschen den kriegt, is se nobel rut. Ordentlich pük süht he ut.»

Er ließ für die Tafelrunde eine zweite und dritte Pulle Köhm kommen, nicht ohne ein Aristokratengefühl des Gebers zu spüren, das ihn angenehm kitzelte. Seinen Johein Kruse wußte er abseits zu locken und trug ihm dann Trien-Lieschen an.

«Heiraten? Nee, nich um de Welt!»

«Aber um tweehunnert Mark?» fragte Schröder.

«Tweehunnert? Bar mit?»

«Bar mit!» bestätigte Schröder.

«Se maken so plitsche Oogen. Dat hett natürlich 'n Haken mit dat Fruensminsch?» fragte Johein Kruse.

«Nich den geringsten. Trien-Lieschen is hübsch un gesund. Man blot, dat wir ehr gern ut dat Heimatrecht hebben wull'n von wegen ehr söben Gören.»

Johein Kruse besann sich schwer.

«Wie kleid' die ok in: Rock, Hos', West' un Steebeln. Un denn tweehunnert bar. Un wenn du Familije häst, steihst du veel better dar. All de Vereinens nehmen sik um dien Familije an. Du kriegst Arbeit. Du kannst wedder in de Höh' kamen.»

Und nach mehrstündigem Gespräch, in dem die hartnäckige, monotone Beredsamkeit des Bauern über die lange Unschlüssigkeit des Mannes siegte, wurden sie handelseins.

Das einzige, was zur Zeit an Johein Kruses Dasein in

Ordnung war, waren seine Papiere. Und das bedeutete im Moment die Hauptsache. Schröder blieb über Nacht in Lübeck und ging am anderen Morgen mit dem Heiratskandidaten auf das Standesamt, um das Aufgebot zu besorgen. Nachdem er Johein Kruse noch ein paar Taler in die Hand gedrückt, damit er sich's in der Zwischenzeit etwas wohler sein lassen könne und ihn eingeladen hatte, Trien-Lieschen zu besuchen, sobald sein Anzug ihm geliefert sei, fuhr er triumphierend davon.

Drei Wochen nachher heiratete das Paar. Das Dorf stellte noch den Leiterwagen, auf dem Trien-Lieschen mit ihren Kindern und ihren Sachen in die Stadt gefahren wurde. Alle Frauen hatten ihr noch ein bißchen geschenkt. Die Freude, die Bagage loszusein, gab dem Auszug einen festlichen Charakter. Schröder fuhr. Er sollte in der Stadt Trauzeuge sein und dann die 200 Mark aushändigen. –

Um die Osterzeit geschah es, daß Schröder wieder einmal nach Lübeck mußte; sein Sohn diente jetzt als Pferdeknecht in der Stadt. Den wollte er besuchen. Als er anderen Tages heimkam, trat er im Vorbeigehen mal einen Augenblick bei Chrischan Albers ein.

«Na, Schröder? Good to Weg, dien Söhn?»

«Mutt tofreden sien. Un wat ick noch seggen wull, bie Madam Kruse bin ick ok west.»

Albers griente.

«Na – un?»

«Von de tweehunnert hebben se und ehr Mann vertein Dag' in een Pläsier leevt. Nich nüchtern is he worrn in de Tied. Un denn . . .»

«Un denn?» fragte Albers gespannt.

«Un denn is he utrückt. Nich to finn'n. Wahrschienlich to Schipp na Sweden. Wech! Eenfach wech!» erzählte Schröder mit Grinsen. «Un nu mut de Armendeputatschion in Lübeck för ehren Unnerholt sorgen.»

Albers schlug vor Vergnügen mit der Faust auf den Tisch.

«Ja, Schröder, ja, dat wär'n Diplematenkunststück von die!» schrie er prustend.

«Un», setzte Schröder mit seinem allerpfiffigsten Gesicht hinzu, «un dat Beste kümmt noch: Nummer acht is ünnerwegs!»

«Wat'n Jux! Schröder, wat'n Jux! Lang mal den Köhmbuddel ut'n Schapp. Up den Jux mütten wie eenen setten.»

PAUL FRIEDRICH PHILIPP SCHMIDT

Lebensart und Charakter der Hamburger

In größtenteils düsteren, unregelmäßigen Gassen, in labyrintisch verschlungenen Gängen und Höfen, in unbequemen, leicht gebauten Häusern, wo die Flure, zur Lagerung der Waren bestimmt, den Aufenthalt der Menschen beeinträchtigen, in Buden, Kellern und auf Sälen, kurz, überall wo nur der Raum, sei es auch unter Unbequemlichkeiten, die Ansiedelung irgend zuließ, drängen sich die Einwohner Hamburgs. Unglaublich ist es, wie viele Menschen sich oft in wenige Quadratfuße teilen. Eine Ausnahme von den im allgemeinen höchst unbequemen Häusern der Einwohner machen die in der Neustadt ohnlängst errichteten Gebäude, welche den Regeln des Geschmackes, der Bequemlichkeit und Gesundheit mehr entsprechen. Den Vorteil dieser besseren Wohnungen können aber nur wenige der Einwohner genießen, da die meisten durch ihr Geschäft an bestimmte Gegenden der Stadt gebunden sind und die ärmeren Bewohner kaum den Mietzins für ihre dunkeln, größtenteils feuchte Wohnungen zu erschwingen vermögen. Einer vielleicht nötigen Erweiterung der Stadt stellen sich, wie es scheint, nie zu besiegende Schwierigkeiten entgegen, und so steht es zu erwarten, ob nicht bei der noch stets im Fortschreiten begriffenen Bevölkerung einmal ernsthafte Nachteile aus der Übersättigung des Raumes sich ergeben. Bis jetzt ist ein nachteiliger Einfluß auf die Gesundheit mit Bestimmtheit nicht nachzuweisen, wozu wohl der beständige Wechsel der Atmosphäre durch scharfe Land- und Seewinde, die wohltätige Einwirkung auf die Reinigung der Luft, welche die Ebbe und Flut bedingt, die häufig herabfallenden Regen, selbst die Überschwemmungen und endlich die angeborene Reinlichkeit der Einwohner wesentlich beitragen.

In seiner physischen Bildung unterscheidet sich der Hamburger wenig von seinen Nachbarn. Die meisten sind mittlerer Größe, ziemlich muskulös, von starkem Knochenbau, haben blaue Augen und braune Haare, hervorstehende Backenknochen, ein sehr rotes oder auffallend bleiches Kolorit und im Ganzen ruhige, fast gleichgültige Gesichtszüge. Schön ist der Menschenschlag nicht, die interessanten und edlen Profile, welche dem Süden eigen sind, gehören bei uns zu den seltenen Erscheinungen. Die Schönheit unserer Weiber besteht im allgemeinen nur in der Frische und Ründung, welche die Jugend dem Kolorit und den Formen verleiht, die Grundpfeiler einer dauernden Schönheit fehlen: edle Bildung der Stirn, Nase und Kieferknochen; daher verblühen unsere Schönen auch frühzeitig und gewinnen, bei ihrer Neigung zur Korpulenz, die auch den Männern eigen ist, ein vor der Zeit Ehrfurcht gebietendes Aussehn. Gemein sind auch beiden Geschlechtern frühzeitig kariös werdende Zähne. Die wohl größtenteils unvorteilhafte äußere Bildung des Hamburgers steht in genauem Verhältnisse zu seinem rauhen, feuchten Klima, seiner Wohnung, Beschäftigung und Lebensweise. Eine besonders hübsche Menschenklasse bilden in Hamburg die Dienstmädchen, welche indessen weniger Eingeborene sind, als vielmehr aus der Blüte der umliegenden Gegend gebildet und ergänzt werden.

Die Kleidung des Hamburgers ist einfach, von Auffallendem entfernt, aber von innerer Güte; sie ist den Launen des Klimas angemessen, auch im Sommer mehr warm als leicht. Zu den Eigentümlichkeiten der vaterstädtischen Bekleidung gehört der ziemlich allgemein verbreitete Gebrauch flanellener oder gestrickter Unterhemden und einer sorgfältig gehaltenen feinen Leibwäsche.

Ostentation und Luxus zeigt der Hamburger am häufigsten bei seinen Gastgeboten. Von den durch Bildung und Reichtum Begünstigten kann hier weniger die Rede sein, sie leben so ziemlich überall auf gleiche Weise. Sind daher die Tafeln unserer Reichen ausgezeichnet vor denen des übrigen Deutschlands, so geht dies aus den bessern und mannigfacheren Ingredienzen, welche das Meer, der Wald und die Fluren liefern, hervor. Der Hamburger liebt aber überhaupt die wohl besetzte Tafel; feierliche Gelegenheiten, Hochzeiten, Kindtaufen, die Einladungen von Verwandten und Geschäftsfreunden geben die häufigen und stets willkommenen Veranlassungen dazu. Erstaunen muß man oft über die Zahl der Schüsseln und Weine, worauf es denn mitunter wohl abgesehen war, denn der Schluß von einer wohlbesetzten Tafel auf den Reichtum des Bewirters und die häuslichen Tugenden seiner Ehehälfte ist für den Gast, zumal wenn er ohne Indigestion davonkommt, wohl ein natürlicher. Die Beobachtung dieser Liebhaberei hat vielleicht einen früheren Schriftsteller über Hamburg bewogen, aus den Gesichtszügen der Einwohner zu lesen: «ich bin satt»; man möchte aber in andern Städten auf noch schlechtere Lesearten stoßen. Irren würde man indessen sehr, wenn man von dem Luxus der Gastmäler auf die Lebensart in den Wochentagen schließen wollte. Hier zeigt sich der Hamburger einfach, mäßig, beinahe frugal. Ein Luxus anderer Art ist das Bewohnen eines Landhauses während des Sommers. Diese Liebhaberei ist schon alt, wurde als solche indessen nur von den reichsten Einwohnern kultiviert. Die Landhäuser unserer Reichen zeichnen sich häufig durch Geschmack, oft durch Pracht, am gewöhnlichsten durch Überladung aus. Die Mode hat das Beziehen eines Landhauses ziemlich allgemein gemacht, und die daraus hervorgehende Annehmlichkeit gehört, wie so häufig bei Modeartikeln, mehr der Einbildung als Wirklichkeit an. Die meisten Familien vertauschen bessere, auf ihre Bedürfnisse eingerichtete Wohnungen mit kleinen unbequemen, meist feucht unmittelbar auf dem Erdboden gelagerten Häusern. Schwerlich findet wohl der Mann bei seinen anstrengenden Märschen von und nach der Stadt, welche die Geschäfte unerläßlich machen, Erholung. Ebensowenig dürfte die Frau, wenn sie sich mit einem reichen Kindersegen, bei anhaltend schlechtem Wetter, was kein seltener Fall bei uns ist, auf das enge, dunstige Häuschen auf Wochen zu beschränken genötigt sieht, hievon wohltätigen Einfluß auf die Gesundheit erwarten. Viele Einwohner ziehen auch aufs Land der Wohlfeilheit halber, entgehen so dem teuren Mietzins in der Stadt, wenigstens auf ein halbes Jahr, und sind noch dazu modern. Daß von den eigentlichen Genüssen, welche ein Aufenthalt auf dem Lande bietet, einem ruhigen Naturgenuß und innigeren Familienleben, bei einem launenhaften Wetter, oft ungesunden Wohnungen und der fast stadtähnlichen Anbauung der Umgegend, die Rede nicht sein kann, leuchtet wohl ein. Man sieht das Land vor Häusern nicht.

Die Hauptnahrung der Einwohner besteht in Fleisch, und dies wie die Gemüse, Fische und das Brot sind von vorzüglicher Güte; schlecht ist eigentlich nur das Wasser, und auch dies würde besser sein, wollte man die einzigen guten Quellen der Umgegend, auf Rosenhof und dem Schlachterlande, durch gute Leitungen mit der Stadt verbinden. Bier, früher ein Lieblingsgetränk, und weit und breit berühmt, wird weniger getrunken als Wein, besonders der rote französische. Der recht wohlfeile Preis des Weines berechtigt auch die Mittelklasse zu seinem Genusse. Bei den niedern Ständen ist der häufige und übermäßige Gebrauch des Brantewein allgemein; dennoch dürften die Fälle, wo der Genuß desselben zum Laster wird, weniger häufig sein als in anderen Städten des nördlichen Deutschlands.

Die Hauptbeschäftigung der Hamburger ist der Handel, und zwar in seinen großartigsten, Welten verknüpfenden Verhältnissen, Welthandel ist das mächtige Triebrad aller Tätigkeiten, und alle Stände müssen ihm unmittelbar oder mittelbar dienen. Der Handelsstand ist daher hier der erste und als der erhaltende auch der angesehenste. Der Stand des Gelehrten ist nur insofern angesehen, als er mehr oder weniger dem ersten unentbehrlich ist. Wer sich einfallen ließe, eine Wissenschaft oder Kunst aus Liebe zur Sache und ohne praktische Anwendung zu üben, darf kaum auf Beachtung, viel weniger auf Anerkennung und Unterstützung hoffen. Im allgemeinen ist der Stand des Juristen, insofern er zur Verwaltung der höchsten und einträglichsten Staatsämter berechtigt, der unter den gelehrten Ständen am meisten begünstigte. Weniger glücklich ist die Stellung des Arztes; der Staat kann wenig oder nichts für ihn tun, und er ist darauf angewiesen, seinen Unterhalt in Privathäusern zu finden, einige wenige Stellen ausgenommen, wo die Mühwaltung mit der Belohnung im Einklange steht.

Die Schilderung eines Nationalcharakters ist gewiß immer eine schwierige; doppelt schwer möchte sie in Hamburg erscheinen, wenn man aus der Geschichte die vielen Einwanderungen und die stete Vermischung mit fremden Nationen kennenlernt. Den Kern seiner Bevölkerung bildeten Sachsen und fränkische Soldaten. Hiezu gesellten sich am Ende des zehnten Jahrhunderts niederländische Kolonisten. Späterhin strömten eine Menge bedrückter Brabanter und niederländischer Mennoniten herbei; es siedelte sich eine Kolonie englischer Kaufleute an, und im Dreißigjährigen Krieg suchte eine Schar von Flüchtlingen aus allen Gegenden hier eine Zuflucht. Dasselbe war nachher mit den von Ludwig XIV. verjagten Protestanten der Fall und in den neueren Zeiten mit einer Menge französischer, belgischer, holländischer und überrheinischer Emigranten. Einwanderungen und Vermischung mit Fremden, allen Ländern und Ständen angehörend, finden noch täglich statt; wie sollte man unter solchen Umständen eine scharf hervortretende nationelle Eigentümlichkeit erwarten können! Und dennoch ist dem also. Darf man der Beschreibung durch den Vergleich zu Hilfe kommen, so scheint der Hamburger dem Holländer am nächsten zu stehn. Er besitzt ein gesundes, klares Urteil, Beharrlichkeit des Willens, möge dieser nun auf die Ausführung eines bestimmten Zweckes sich beziehen oder die Verteidigung einer einmal gefaßten Meinung zum Gegenstande haben, einen tätigen regen Sinn, aber mehr eine ausführende, ordnende als schaffende Tätigkeit, große Ruhe in Objekten des Gefühls, ja selbst anscheinende Kälte. In Wahrheit ist das Gefühl des Hamburgers aber nur ein schwerer erregbares und selten mit südlicher Lebendigkeit sich aussprechendes, einmal erweckt ist es jedoch warm und lange nachwirkend. Hieran knüpft sich eine eben nicht blühende Phantasie, deren Keim teils der erkaltende Norden, mehr noch der trockene, auf die Wirklichkeit gerichtete Handelssinn erstickt hat. Dies sind die leichten Umrisse des hamburgischen Geistes. Hamburg hat daher wenig Dichter und Maler, verhältnismäßig wenig Gelehrte von einer ausgezeichneten und originellen Produktivität hervorgebracht, aber desto mehr praktisch-tüchtige Männer in allen Fächern.

In der Bildung des Geistes und der äußern Sitten sind die Hamburger in den letzten Dezennien bedeutend fortgeschritten und zwar ziemlich allgemein. Der männliche Teil der Bevölkerung tut es dem weiblichen hierin zuvor, wozu wohl die häufigen Reisen in nahe und die entferntesten Länder, unzertrennlich von dem bestehenden merkantilischen Treiben, das meiste beitragen. Bei den Frauen und Jungfrauen wird man weniger Kenntnisse als die eigentlich edle Ausbildung des Geistes und Herzens vermissen. Einseitige Erziehung, gänzliche Zurückgezogenheit und Beschränkung auf einen zur wahren Bildung oft ungenügenden Familienumgang und alle Vorurteile, Abgemessenheiten und Steifheiten desselben sind hier wohl besonders anzuklagen. Wer dürfte indessen behaupten, daß unsere Stadt nicht auch Frauen in sich schlösse, welche alle Vorzüge eines gebildeten Verstandes und Gefühles mit der Liebenswürdigkeit geltend zu machen wissen, welche der höchste Schmuck der Besitzerin und ein Vorrecht ihres Geschlechtes ist. Ehen werden hier selten im Himmel, desto häufiger auf den Comptoiren geschlossen. Dennoch hört man wenig von unglücklichen Ehen. Die Hamburger sind ehrenfest aus Temperament und Gewohnheit. Talente werden sparsam angetroffen, in der letzten Zeit ist die Liebe zur Musik ziemlich allgemein geworden, doch muß hier ausdauernder Wille und eiserner Fleiß ersetzen, was die eigensinnige Melpomene den Ohren und Händen versagt zu haben scheint.

Der Hamburger ist mehr Phlegmatiker als Sanguiniker, doch ist sein Temperament weit von Indolenz entfernt; er ist vielmehr tätig, dienstfertig und kann sich und sein Interesse im Dienste eines andern vergessen, wenn dieser seine Gutmütigkeit für sich in Anspruch genommen hat. Keine Eigenschaft des Geistes ist vielleicht allgemeiner bei dem Hamburger als gerade diese, und keine offenbart er häufiger, sowohl in seinem öffentlichen als Privatleben: sie ist es, welche dem anscheinenden Stolze des Geld-Aristokraten und der Derbheit des geringeren Bürgers einen mildernden Schein verleiht. Die Frucht dieses Gefühls spricht sich in einem Wohltätigkeitssinne aus, wie er vielleicht an keinem Orte angetroffen wird, und viele Einrichtungen dienen der Behauptung als redende Zeugen.

Ausschweifungen in der Geschlechtslust finden hier, wie

überall, statt. Unnatürlichkeiten und schauderhafte Verirrungen derselben, welche dem Süden nur zu gemein sind, scheinen dem guten Hamburger kaum dem Namen nach bekannt. Kommt je zuweilen ein vereinzelter Fall der Art vor, so war die Frucht sicher auf fremdem Boden gereift, ehe sie hiehergebracht wurde.

Von Verbrechen hört man wenig; größere kommen äußerst selten vor, gewöhnlich bestehen sie in Betrügereien und kleinen Diebereien, welche die Not veranlaßte. Lange indessen läßt auch diese Industrie sich nicht treiben, da die treffliche Polizei ihr kräftig vorzubeugen weiß. Dem Glücksritter wird es leicht gelingen, den ehrlichen und gradsinnigen Bürger Hamburgs zu täuschen, aber nicht auf lange; die Lebensweise des ersteren steht in zu grellem Widerspruch mit der von diesem befolgten. Schnell räumen Genies der Art das Feld, selten mit guter Beute, um einen zweckmäßigern Tummelplatz zu wählen, an Orten wo Müßiggänger, eitle Prahler und Libertins, in den Augen der Menge, häufig den angesehensten Stand zu bilden scheinen. Hier muß jeder arbeiten, der sich ein Recht auf Achtung und Vertrauen erwerben will. Eben dieses nützliche, einen festen Zweck verfolgende Treiben verleiht auch der auf den Straßen wogenden Menge den Charakter von Sinnigkeit und Ruhe, selbst im größten Tumulte; gar sehr verschieden von der Lebendigkeit anderer volkreichen Städte. Höchst anziehend ist es, das geschäftige Treiben in der Nähe des Hafens zu beobachten, im Gegensatze zu den verschiedenen Tätigkeiten, welche sich in andern Teilen der Stadt entwickeln: An schönen Sonntagen drängt sich die Menge in buntem Gemisch aus den Toren, der ersehnten Erholung nach einer mühevollen Woche entgegen. Sieht man sie abends in langen Zügen zurückkehren, so bewundert man ebensosehr, wie die verhältnismäßig kleine Stadt alle ihre Gäste zu bergen vermag, als die Ruhe und

Das alte Baumhaus in Hamburg
(Stahlstich von Schleich, 1830)

Ordnung, mit welcher diese ihren friedlichen Wohnsitzen entgegenwallen. Dieser Sinn für Ruhe, Ordnung und Achtung gegen die Gesetze offenbart sich in allen Verhältnissen und gibt einen schönen Beweis für den wahren republikanischen Geist, der die Bewohner Hamburgs beseelt und in sich selbst seinen Schwerpunkt findet. Sie sind stolz auf den Namen eines hamburgischen Bürgers und *dürfen es sein*, stolz auf ihre Freiheit, und haben ein *Recht dazu*, denn sie ist ein Gut, das sie mit fester Beharrlichkeit erstrebt, durch weise Benutzung der Zeit den Umständen abgezwungen, und das ihnen um so größer erscheinen muß, als es das Ergebnis eigenen Verdienstes ist. *(1831)*

OTTO BENEKE

Vom Lachsessen

In alten Zeiten soll es in Hamburg einen solchen Überfluß an Lachsen gegeben haben, daß jedermann sie in den Fleeten fangen konnte, wohin sie sich, wie es heißt, wohl deshalb gern aus der Elbe begeben haben, weil die reichen Brauer die Seihe oder die Treber von dem ausgekochten Gersten- und anderen Abfall in ihre benachbarten Fleete zu schütten pflegten. Mit solchen Trebern füttert man wohl Schweine, aber da nach altem Herkommen innerhalb der Stadt keine Schweine gehalten werden durften, die Brauherren auch zu stolz waren, dergleichen Abfall an Vorstädter und Bauern zu verkaufen, so kam's den Lachsen zugute, die wieder den Bürgern zugute kamen.

Aber einerlei ermüdet, und allzuviel ist ungesund. Deshalb sollen die Hamburger Brauer- sowie sonstige Dienstknechte und Mägde bei E. H. Rate sich beklagt haben, daß sie seitens ihrer Herrschaften gar übel mißhandelt würden durch schier alltägliches Lachsessen, welches ihnen darob so gänzlich zuwider geworden, daß sie's nicht länger konnten aushalten und müßten lieber in die weite Welt laufen, wo's keine Lachse mehr gebe. Darauf soll nun E. H. Rat ein billiges Einsehen getan und verordnet haben: daß inskünftig die Herrschaften ihren Dienstboten nicht häufiger denn zweimal wöchentlich Lachs zu essen geben sollten, womit Knechte und Mägde vergnügt waren, und von dieser Zeit an, wenn sie sich vermieteten, es allemal bei der neuen Herrschaft sich ausbedangen, nicht mehr als wöchentlich zweimal Lachs essen zu dürfen. Solches soll auch jährlich durch die am Rathaus verlesene Bursprake in Erinnerung gebracht sein.

Jetzt würden unsere Dienstboten auch vergnügt sein, wenn sie zweimal wöchentlich Lachs bekommen müßten – aber die Zeiten haben sich geändert, auch in Betreff des Lachsfangens. Das Brauwesen kam in Verfall, die Fleete boten den Fischen keine Seihe mehr, sie verzogen sich in entlegenere Elbgegenden; und da Lachse keine Nasen haben und den übeln Geruch der Stinte durchaus nicht vertragen können, so wurden sie in der Elbe immer seltener, je mehr der Stint in Aufnahme kam.

Aber noch im Mai 1717 wurde ein Lachs, 9 Pfund schwer, bei der Rolandsbrücke gefangen und für fünf Taler verkauft. Er hatte sich bis in das dortige sehr üble Fleet verstiegen, eine schier unbegreifliche Verirrung.

Andere aber sagen, das Gebot beziehe sich gar nicht auf den frischen Elb-, sondern auf den gesalzenen Nordischen Lachs, der damals allzuhäufig von den Bergen- und Schonenfahrern eingeführt worden sei.

HEINRICH HEINE

Die beste Republik

Mein erster Ausflug, als ich Schnabelewops verließ, war nach Deutschland, und zwar nach Hamburg, wo ich sechs Monat blieb, statt gleich nach Leiden zu reisen und mich dort nach dem Wunsche meiner Eltern dem Studium der Gottesgelahrtheit zu ergeben. Ich muß gestehen, daß ich während jenes Semesters mich mehr mit weltlichen Dingen abgab als mit göttlichen.

Die Stadt Hamburg ist eine gute Stadt; lauter solide Häuser. Hier herrscht nicht der schändliche Macbeth, sondern hier herrscht Banko. Der Geist Bankos herrscht überall in diesem kleinen Freistaate, dessen sichtbares Oberhaupt ein hoch- und wohlweiser Senat. In der Tat, es ist ein Freistaat, und hier findet man die größte politische Freiheit. Die Bürger können hier tun, was sie wollen, und der hoch- und wohlweise Senat kann hier ebenfalls tun, was er will; jeder ist hier freier Herr seiner Handlungen. Es ist eine Republik. Hätte Lafayette nicht das Glück gehabt, den Ludwig Philipp zu finden, so würde er gewiß seinen Franzosen die hamburgischen Senatoren und Oberalten empfohlen haben.

Hamburg ist die beste Republik. Seine Sitten sind englisch, und sein Essen ist himmlisch. Wahrlich, es gibt Gerichte zwischen den Wandrahmen und dem Dreckwall, wovon unsere Philosophen keine Ahnung haben. Die Hamburger sind gute Leute und essen gut. Über Religion, Politik und Wissenschaft sind ihre respektiven Meinungen sehr verschieden, aber in betreff des Essens herrscht das schönste Einverständnis. Mögen die christlichen Theologen dort noch so sehr streiten über die Bedeutung des

Abendmahls; über die Bedeutung des Mittagmahls sind sie ganz einig. Mag es unter den Juden dort eine Partei geben, die das Tischgebet auf deutsch spricht, während eine andere es auf hebräisch absingt; beide Parteien essen und essen gut und wissen das Essen gleich richtig zu beurteilen. Die Advokaten, die Bratenwender der Gesetze, die so lange die Gesetze wenden und anwenden, bis ein Braten für sie dabei abfällt, diese mögen noch so sehr streiten, ob die Gerichte öffentlich sein sollen oder nicht; darüber sind sie einig, daß alle Gerichte gut sein müssen, und jeder von ihnen hat sein Leibgericht. Das Militär denkt gewiß ganz tapfer spartanisch, aber von der schwarzen Suppe will es doch nichts wissen. Die Ärzte, die in der Behandlung der Krankheiten so sehr uneinig sind und die dortige Nationalkrankheit (nämlich Magenbeschwerden) als Brownianer durch noch größere Portionen Rauchfleisch oder als Homöopathen durch 1/10000 Tropfen Absinth in einer großen Kumpe Mockturtlesuppe zu kurieren pflegen, diese Ärzte sind ganz einig, wenn von dem Geschmacke der Suppe und des Rauchfleisches selbst die Rede ist. Hamburg ist die Vaterstadt des letztern, des Rauchfleisches, und rühmt sich dessen, wie Mainz sich seines Johann Fausts und Eisleben sich seines Luthers zu rühmen pflegt. Aber was bedeutet die Buchdruckerei und die Reformation in Vergleichung mit Rauchfleisch? Ob beide ersteren genutzt oder geschadet, darüber streiten zwei Parteien in Deutschland; aber sogar unsere eifrigsten Jesuiten sind eingeständig, daß das Rauchfleisch eine gute, für den Menschen heilsame Erfindung ist.

Hamburg ist erbaut von Karl dem Großen und wird bewohnt von 80000 kleinen Leuten, die alle mit Karl dem Großen, der in Aachen begraben liegt, nicht tauschen würden. Vielleicht beträgt die Bevölkerung von Hamburg gegen 100000; ich weiß es nicht genau, obgleich ich ganze

Tage lang auf den Straßen ging, um mir dort die Menschen zu betrachten. Auch habe ich gewiß manchen Mann übersehen, indem die Frauen meine besondere Aufmerksamkeit in Anspruch nahmen. Letztere fand ich durchaus nicht mager, sondern meistens sogar korpulent, mitunter reizend schön und im Durchschnitt von einer gewissen wohlhabenden Sinnlichkeit, die mir beileibe nicht mißfiel. Wenn sie in der romantischen Liebe sich nicht allzu schwärmerisch zeigen und von der großen Leidenschaft des Herzens wenig ahnen, so ist das nicht ihre Schuld, sondern die Schuld Amors, des kleinen Gottes, der manchmal die schärfsten Liebespfeile auf seinen Bogen legt, aber aus Schalkheit oder Ungeschick viel zu tief schießt und statt des Herzens der Hamburgerinnen nur ihren Magen zu treffen pflegt. Was die Männer betrifft, so sah ich meistens untersetzte Gestalten, verständige, kalte Augen, kurze Stirn, nachlässig herabhängende, rote Wangen, die Eßwerkzeuge besonders ausgebildet, der Hut wie festgenagelt auf dem Kopfe und die Hände in beiden Hosentaschen wie einer, der eben fragen will: Was hab ich zu bezahlen?

Zu den Merkwürdigkeiten der Stadt gehören: 1. Das alte Rathaus, wo die großen Hamburger Bankiers, aus Stein gemeißelt und mit Zepter und Reichsapfel in Händen, abkonterfeit stehen. 2. Die Börse, wo sich täglich die Söhne Hammonias versammeln wie einst die Römer auf dem Forum und wo über ihren Häuptern eine schwarze Ehrentafel hängt mit den Namen ausgezeichneter Mitbürger. 3. Die schöne Marianne, ein außerordentlich schönes Frauenzimmer, woran der Zahn der Zeit schon seit zwanzig Jahren kaut – nebenbei gesagt, «der Zahn der Zeit» ist eine schlechte Metapher, denn sie ist so alt, daß sie gewiß keine Zähne mehr hat, nämlich die Zeit –, die schöne Marianne hat vielmehr jetzt noch alle ihre Zähne und noch immer Haare darauf, nämlich auf den Zähnen. 4. Die ehemalige

Zentralkassa. 5. Altona. 6. Die Originalmanuskripte von Marrs Tragödien. 7. Der Eigentümer des Rödingschen Kabinetts. 8. Die Börsenhalle. 9. Die Bacchushalle und endlich 10. das Stadttheater. Letzteres verdient besonders gepriesen zu werden, seine Mitglieder sind lauter gute Bürger, ehrsame Hausväter, die sich nicht verstellen können und niemanden täuschen, Männer, die das Theater zum Gotteshause machen, indem sie den Unglücklichen, der an der Menschheit verzweifelt, aufs wirksamste überzeugen, daß nicht alles in der Welt eitel Heuchelei und Verstellung ist. Bei Aufzählung der Merkwürdigkeiten der Republik Hamburg kann ich nicht umhin, zu erwähnen, daß zu meiner Zeit der Apollosaal auf der Drehbahn sehr brillant war. Jetzt ist er sehr heruntergekommen, und es werden dort philharmonische Konzerte gegeben, Taschenspielerkünste gezeigt und Naturforscher gefüttert. Einst war es anders! Es schmetterten die Trompeten, es wirbelten die Pauken, es flatterten die Straußfedern, und Heloise und Minka rannten durch die Reihen der Oginskipolonäse, und alles war sehr anständig. Schöne Zeit, wo mir das Glück lächelte! Und das Glück hieß Heloise! Es war ein süßes, liebes, beglückendes Glück mit Rosenwangen, Liliennäschen, heißduftigen Nelkenlippen, Augen wie der blaue Bergsee, aber etwas Dummheit lag auf der Stirne wie ein trüber Wolkenflor über einer prangenden Frühlingslandschaft. Sie war schlank wie eine Pappel und lebhaft wie ein Vogel, und ihre Haut war so zart, daß sie zwölf Tage geschwollen blieb durch den Stich einer Haarnadel. Ihr Schmollen, als ich sie gestochen hatte, dauerte aber nur zwölf Sekunden, und dann lächelte sie – schöne Zeit, als das Glück mir lächelte! Minka lächelte seltener, denn sie hatte keine schöne Zähne. Desto schöner aber waren ihre Tränen, wenn sie weinte, und sie weinte bei jedem fremden Unglück, und sie war wohltätig über alle Begriffe. Den Armen gab sie ihren letzten Schilling; sie war sogar oft in der Lage, wo sie ihr letztes Hemd weggab, wenn man es verlangte. Sie war so seelengut. Sie konnte nichts abschlagen, ausgenommen ihr Wasser. Dieser weiche, nachgiebige Charakter kontrastierte gar lieblich mit ihrer äußeren Erscheinung. Eine kühne, junonische Gestalt; weißer, frecher Nacken, umringelt von wilden, schwarzen Locken wie von wollüstigen Schlangen; Augen, die unter ihren düsteren Siegesbogen so weltbeherrschend strahlten; purpurstolze, hochgewölbte Lippen; marmorne, gebietende Hände, worauf leider einige Sommersprossen; auch hatte sie, in der Form eines kleinen Dolchs, ein braunes Muttermal an der linken Hüfte.

Wenn ich dich in sogenannte schlechte Gesellschaft gebracht, lieber Leser, so tröste dich damit, daß sie dir wenigstens nicht so viel gekostet wie mir; zur Erholung will ich zwei Anstandsdamen vorführen, die ich damals kennen und verehren lernte: Madame Pieper und Madame Schnieper. Erstere war eine schöne Frau in ihren reifsten Jahren, große, schwärzliche Augen, eine große weiße Stirne, schwarze, falsche Locken, eine kühne, altrömische Nase und ein Maul, das eine Guillotine war für jeden guten Namen. In der Tat, für einen guten Namen gab es keine leichtere Hinrichtungsmaschine als Madame Piepers Maul; sie ließ ihn nicht lange zappeln, sie machte keine langwichtige Vorbereitungen; war der beste gute Name zwischen ihre Zähne geraten, so lächelte sie nur – aber dieses Lächeln war wie ein Fallbeil, und die Ehre war abgeschnitten und fiel in den Sack. Sie war immer ein Muster von Anstand, Ehrsamkeit, Frömmigkeit und Tugend. Von Madame Schnieper ließ sich dasselbe rühmen. Es war eine zarte Frau, kleine, ängstliche Brüste, gewöhnlich mit einem wehmütig dünnen Flor umgeben, hellblonde Haare, hellblaue Augen, die entsetzlich klug hervorstachen aus dem weißen Gesichte. Es hieß, man könne ihren Tritt nie hören, und wirklich, ehe man sich dessen versah, stand sie oft neben einem und verschwand dann wieder ebenso geräuschlos. Ihr Lächeln war ebenfalls tödlich für jeden guten Namen, aber minder wie ein Beil als vielmehr wie jener afrikanische Giftwind, von dessen Hauch schon alle Blumen verwelken; elendiglich verwelken mußte jeder gute Name, über den sie nur leise hinlächelte. Sie war immer ein Muster von Anstand, Ehrsamkeit, Frömmigkeit und Tugend.

Ich würde nicht ermangeln, mehre von den Söhnen Hammonias ebenfalls hervorzuloben und einige Männer, die man ganz besonders hochschätzt – namentlich diejenigen, welche man auf einige Millionen Mark Banko zu schätzen pflegt –, aufs prächtigste zu rühmen; aber ich will in diesem Augenblick meinen Enthusiasmus unterdrücken, damit er späterhin in desto helleren Flammen emporlodere. Ich habe nämlich nichts Geringeres im Sinn, als einen Ehrentempel Hamburgs herauszugeben, ganz nach demselben Plane, welchen schon vor zehn Jahren ein berühmter Schriftsteller entworfen hat, der in dieser Absicht jeden Hamburger aufforderte, ihm ein spezifiziertes Inventarium seiner speziellen Tugenden nebst einem Speziestaler aufs schleunigste einzusenden. Ich habe nie recht erfahren können, warum dieser Ehrentempel nicht zur Ausführung kam; denn die einen sagten, der Unternehmer, der Ehrenmann, sei, als er kaum von Aaron bis Abendrot gekommen und gleichsam die ersten Klötze eingerammt, von der Last des Materials schon ganz erdrückt worden; die anderen sagten, der hoch- und wohlweise Senat habe aus allzu großer Bescheidenheit das Projekt hintertrieben, indem er dem Baumeister seines eignen Ehrentempels plötzlich die Weisung gab, binnen vierundzwanzig Stunden das hamburgische Gebiet mit allen seinen Tugenden zu verlassen. Aber gleichviel aus welchem Grunde, das Werk ist nicht zustandegekommen; und da ich ja doch einmal aus angeborener Neigung etwas Großes tun wollte in dieser Welt und immer gestrebt habe, das Unmögliche zu leisten: so habe ich jenes ungeheure Projekt wieder aufgefaßt, und ich liefere einen Ehrentempel Hamburgs, ein unsterbliches Riesenbuch, worin ich die Herrlichkeit aller seiner Einwohner ohne Ausnahme beschreibe, worin ich edle Züge von geheimer Mildtätigkeit mitteile, die noch gar nicht in der Zeitung gestanden, worin ich Großtaten erzähle, die keiner glauben wird, und worin mein eignes Bildnis, wie ich auf dem Jungfernsteg vor dem Schweizerpavillon sitze und über Hamburgs Verherrlichung nachdenke, als Vignette paradieren soll.

CLAUS LAFRENZ

Von hamburgischer Art, einem «runden» Geburtstag und Hafengeschichten

Vom Hauptliegeplatz der in Hamburg versammelten Segelschiffe, der Überseebrücke, ist es ein langer Weg bis zu den Löschbrücken der Containerhäfen im Westen der Stadt, nahe dem Autobahn-Elbtunnel. Die City Hamburgs war vom Zentrum ihres Hafens, dieses Komplexes aus Wasser, Kaimauern, Straßen, Brücken, Bahnschienen, Speichern, Schuppen, Werften und Industriewerken, noch niemals so weit entfernt wie heute. Dennoch bahnte sich dies nicht erst in den letzten zehn, fünfzehn Jahren an, als die in Container verpackten Stückgüter den Umschlag revolutionierten. Die für das Löschen, Laden und Lagern von Containern ausgebauten Häfen auf Waltershof waren schon vor dem Ersten Weltkrieg von Albert Ballin für immer noch größere Schiffe der Hamburg-Amerika-Linie vorgesehen gewesen.

Das größte dieser geplanten Hafenbecken blieb damals unvollendet und wurde nach dem Zweiten Weltkrieg zu einer Wohn- und Gartensiedlung mit Behelfsheimen; dort, im halbausgebaggerten Mühlenwerder Grund, forderte die Katastrophenflut von 1962, nachdem sie die Abdämmung überspült hatte, die weitaus meisten Todesopfer. An derselben Stelle befindet sich heute der Container-Terminal. Hier machen die mit «Kisten» hochbepackten Frachter fest, die so groß und auch so schnell sind wie einst Ballins Ozeanriesen. Hier bleiben sie jedoch durchweg nur für ein, zwei Arbeitsschichten, weniger als 24 Stunden also. Und kaum noch jemand sieht sie.

Hamburgs räumliche Abkehr von seinem Hafen begann

schon im vorigen Jahrhundert. Die beiden ersten mit Kaimauern eingefaßten und mit Kränen versehenen Becken, bestimmt für die allmählich immer zahlreicher werdenden Dampfer, erwiesen sich sehr bald als zu klein. So wechselte man noch vor der Jahrhundertwende mit der Erweiterung des Hafens auf das andere, das südliche Elbufer hinüber. Kurz danach bereits war Hamburg des jungen Kaiserreiches «Tor zur Welt», mit der größten Reederei der Erde, mit Liniendiensten der Schiffahrt zu allen Kontinenten.

In jenen Jahren endete, was Jahrhunderte hindurch gewesen war: die Segelschiffahrt. In jenen Jahren wuchs der Schiffbau in neue Dimensionen hinein. Auch sonst industrialisierte sich Hamburg, wo es irgend ging. Die Seehandelsstadt wurde zur Millionenstadt. Seitdem, auch in den fünfziger und sechziger Jahren dieses Jahrhunderts, als der Wiederaufbau der im Krieg zerstörten Anlagen weitgehend vollendet war, ließ die Stadtwerbung sich gern so vernehmen: Hamburg ist nicht nur die größte Hafen-, sondern auch die größte Industriestadt der Bundesrepublik Deutschland.

Und heute? Heute, da die Stadt einen in ihren Mauern gefertigten und zurückdatierten «Freibrief» des Kaisers Barbarossa vom 7. Mai 1189 zum Anlaß nimmt für eine Monate währende werbeträchtige 800-Jahr-Feier ihres Hafens (dessen erste Anfänge am Alsterufer allerdings schon auf den Beginn des neunten Jahrhunderts datiert werden), wie steht dieser Hafen heute da? Nimmt man alles in allem, alle Erschwernisse, allen notwendigen Wandel, dann läßt sich sagen: Der Hamburger Hafen steht glänzend da. 60 Millionen Tonnen Güter werden hier jährlich geladen oder gelöscht, davon 21 Millionen Tonnen als Stückgüter, und von ihnen wiederum 15 Millionen Tonnen in Containern. Als «Containerhafen» rangiert Hamburg in Europa an zweiter Stelle.

Die Erschwernisse waren und die Beschwernisse sind vor allem: die Zerstörungen aus der Kriegszeit; der Verlust fast des gesamten Hinterlandes im Einzugsbereich der Elbe und noch weiter nach Osten; der Niedergang der Binnenschiffahrt; das Verschwinden mehrerer Großwerften; die Minderung der Güterströme von und nach den skandinavischen Ländern als Folge des verstärkten Lastwagenverkehrs und damit auch des Fährverkehrs über die Ostsee, die Ferne von der «Rheinschiene», der schnellsten Verbindung vieler deutscher Regionen zu den niederländisch-belgischen Häfen; schließlich zwei Sturmfluten in einer Höhe, wie man sie sich nicht hatte vorstellen können, die eine (1962) mit mehr als 300 Todesopfern, die andere (1976) mit einem Milliardenschaden allein im Hafen.

Und dann das andere. Als alle kriegszerstörten Anlagen wieder voll intakt, als stärkere Deiche und Mauern gegen die Flut gebaut worden waren, als es den «schnellen Hafen Hamburg» nicht nur in der Werbung gab, da kam in wenigen Jahren etwas ganz Neues. Da mußten, wollte man in der Randlage den Wettbewerb bestehen, in kurzer Zeit Anlagen entstehen für den Container, von dem noch gut ein Jahrzehnt zuvor einer der damals führenden Fachleute gesagt hatte: «Diese Kiste kommt mir nicht in den Hafen.» Die Liegeplätze für die hergebrachten Stückgutfrachter sind nun häufiger verwaist als einstmals gedacht. Dennoch mag der forcierte Wiederaufbau des Alten auch sein Gutes gehabt haben; denn er verschaffte dem Hafen schon bald wieder nach dem Krieg jene wirtschaftliche Struktur, die für Import und Export unerläßlich ist. Kais und Kräne und ein genügend tiefes Fahrwasser allein nämlich tun es nicht.

Die Hamburger gingen, obwohl sie nicht mehr so reich waren und sind wie ehemals, nicht nur einmal an die Grenze ihrer finanziellen Möglichkeiten. Doch das ist, geschichtlich gesehen, für sie nichts Neues. Mit dem Pfunde

Ansicht der Stadt Hamburg aus der Vogelschau
(Kupferstich von Matthäus Merian, 1653)

ihres Geldes zu wuchern, haben sie früh begonnen, höchstwahrscheinlich schon vor genau acht Jahrhunderten in jenem Jahr, das ihnen nun den Anlaß gab für ihren «runden» Hafengeburtstag. Die Historiker nehmen an, daß sie dem Kaiser Rotbart, der in Geldnot war vor seinem dritten Kreuzzug, einiges geboten haben müssen für die Privilegien, die er ihnen unter Zeugen gegeben haben soll, als bedeutsamstes Vorrecht dieses: «Die Hamburger sollen mit ihren Schiffen, ihren Waren und ihren Mannschaften von der See bis zur Stadt frei sein von allem Zoll und Ungeld sowohl auf der Herreise als auch auf der Rückfahrt.»

Die Urkunde der Privilegien, der «Freibrief», wurde zwar erst 76 Jahre später geschrieben, dies ganz und gar im Sinne der Stadt, zumindest gewisse Versprechungen des Kaisers kurz vor dem Aufbruch ins Heilige Land, wo er dann im Saleph ertrank, gelten jedoch als sehr wahrscheinlich. Ein anderes gilt als durchaus üblich im Mittelalter: das Beurkunden von Rechten in eigener Regie.

Doch Vorrechte sind das eine. Ihr Durchsetzen gegen Fürstenneid ist das andere. So wagten die Hanseaten es einige Jahrhunderte später eine lange Zeit nicht, einen zweiten «Freibrief» (ausgestellt von Kaiser Ferdinand II. im Jahre 1628) gegen ihre Nachbarn, die mächtigen Dänen, auszuspielen. Und «freie Reichsstädter», als die sie sich längst gefühlt und auch ausgegeben hatten, wurden sie erst 1768, indem sie sich vom dänischen König, der in der Nachfolge der holsteinischen Grafen von Schauenburg landesherrliche Ansprüche geltend machte, endgültig die Unabhängigkeit erkauften; dies gegen eine Summe Geldes, die sie an den Rand des Ruins brachte und trotzdem für sie das beste Geschäft aller Zeiten wurde. Denn im Gottorper Vergleich bekamen sie damals auch jene Elbinseln zugesprochen, auf die sie im vorigen Jahrhundert ihren Hafen auszudehnen begannen, auf denen sie zuletzt ihren Container-Terminal bauten und auf denen sie weiterbaggern und weiterbauen werden.

Geld, Geduld und diplomatisches Geschick, wenn es sein mußte, aber auch schnelles Handeln sind in allen Jahrhunderten die Stärken der Hamburger gewesen. Mit viel Geld schafften sie sich mitten im Dreißigjährigen Krieg eine Umwallung, die fast drei Jahrhunderte lang, bis hin zu Napoleons Zeit, fremde Soldateska von ihnen fernhielt. Mit diplomatischen Tricks balancierten sie zwischen den Ansprüchen mächtiger Herren durch die Zeiten. Das «Aussitzen» von Widrigkeiten, wie man das heute nennen würde, war stets eine ihrer Stärken. Und so ist die Langmut, mit der sie in unseren Tagen den reichlich staatsverdrossenen Bewohnern der Häuser an der Hafenstraße begegnen, manchem Hanseaten von der Alster nicht einmal verwunderlich. «Haben es doch die hochmütigen Krämerseelen und Pfeffersäcke, die schmierigen Heringshändler und Bärenhäuter wieder einmal mit allen ihnen zu Gebote stehenden Listen verstanden . . .» – solche Beschimpfung, etwa durch einen dänischen König, hat sie nie sonderlich beeindruckt. Ihr Stadtstaat wird wohl auch die «Hafenstraße» überstehen, wird hamburgisch bleiben, gleich, welche Partei den Senat stellt.

Von ziemlich unhamburgischer Art aber wäre es wohl, wenigstens aus jetziger Sicht, die im Südosten der City stehende Speicherstadt des Freihafens zu verkaufen oder anderweitig zu nutzen, solange sie noch den Zweck erfüllt, für den sie vor hundert Jahren gebaut worden ist: das Lagern und Bearbeiten von Importwaren aller Art. In Stadtnähe wurde sie errichtet, weil die Waren den Kaufleuten zur Besichtigung leicht (zu Fuß) erreichbar sein sollten. Doch hat die Speicherfront hinter einem breiten Kanal und hinter dem Zollzaun am Rande der Innenstadt früher eher wie ein Festungsbauwerk gewirkt, unerreichbar denen, die dort nichts zu suchen hatten. Erst in jüngster Zeit, da alles Ältere «interessant» geworden ist, wurde sie als ein städtebauliches Kleinod entdeckt.

Hinter der Frage jedoch, ob man die dreißig Meter tiefen Backsteinbauwerke zwischen den «Fleeten», in die Ebbe und Flut hineinwirken, mit Erfolg zu Läden, Wohnungen, Büros und Ausstellungsräumen wird machen können, stehen einstweilen mehr als drei Fragezeichen. Bisher wenigstens ist es nicht einmal so richtig gelungen, das einstmals wohlhabendste Viertel der Stadt, das «Viertel der Reichen und der Sturen» rund um das Nikolaifleet, den alten Hafen, in das Leben der City einzugliedern. Und erst jenseits dieser noch immer etwas altertümlichen Straßen steht die Speicherstadt. Voreilig wäre es gewiß, auf eine Umbaumode zu setzen, wie sie jetzt in verlassenen englischen

Docks erprobt wird, zum Beispiel in London. Zwar sind die Hamburger früher gern nach der englischen Mode gegangen, doch nur, wenn die Kosten überschaubar blieben.

In einem Geschichtsbuch über den Seehandel und den Seeverkehr («Die Deutschen als Seefahrer» von Vogel-Schmölders) steht ein auf den ersten Blick eigentümlich anmutender Satz: «Lübeck, einst der Mittelpunkt des hansischen Handelssystems, steckte die Reste seines Handelskapitals (im 16./17. Jahrhundert) mehr und mehr in die Reederei und sank zur bescheidenen Rolle einer Frachtfahrerstadt und eines Ostseehafens für Hamburg hinab.» Waren also die Windjammer früher, sind die Containerschiffe heute nicht der Motor, der alles in Gang hält, ist Ballins Wort «Mein Feld ist die Welt» nicht das erste Motto einer Seehafenstadt? Nun, Schiffe sind, rein ökonomisch betrachtet, nichts anderes als Lastwagen zur See.

Wo der Kaufmann und der Unternehmer nichts zu exportieren oder zu importieren haben, da werden die besten Schiffe arbeitslos. Das Hamburg Ballinscher Prägung, der Welthafen mit Verbindungen in die entlegensten Buchten, ist sowieso erst im vorigen Jahrhundert gewachsen, nachdem die Kolonialzeit in Nord- wie in Südamerika ihr Ende gefunden und nachdem selbst England sich gezwungen gesehen hatte, Cromwells Schiffahrtsprotektionismus zu den Akten zu legen. Bis dahin war die Seefahrt Hamburgs lediglich eine europäische gewesen, hatten die Segler Waren für die Hansestadt nur von England, Frankreich, Spanien, Portugal und Skandinavien holen können.

Trotzdem wurde Hamburg nach der Blütezeit der Hanse zur größten Handelsstadt des Reiches, als solche anerkannt selbst von der Konkurrenz, wie das die niederländische Unterschrift unter einer Stadtansicht aus dem 17. Jahrhundert zeigt: «Hamburg, de vornaemste Koopstad van ganz Duytschland». Es waren, was heute leicht vergessen wird, die Kaufleute, die den Reichtum brachten (und also auch das Sagen hatten). Wenn sie, die zur Zeit 2500 Firmen des Exports und Imports, weiterhin phantasievoll tätig bleiben, wenn weiterhin die modernste Technik für das Lenken und Verteilen der Güter ins Kalkül einbezogen wird, dann braucht die Stadt um ihre Zukunft kaum zu bangen, mögen sich auch das Kapital und der Luftverkehr immer stärker in Frankfurt konzentrieren, mag die Bürokratie in Brüssel immer mächtiger werden, mag Lübeck von neuem mehr und mehr des Ostseeverkehrs an sich ziehen. Die Hamburger sehen neuerdings in ihrer «Randlage» sogar Vorteile. «Wir liegen», sagen sie, «zwischen den Ländern der Gemeinschaft und denen des Ostens genau in der Mitte.»

Als vor einer Woche die ersten Windjammer zur Sail '89 elbauf kamen, da feierte einer der erfolgreichsten Bürger Hamburgs Geburtstag. Alfred Toepfer wurde 95 Jahre alt. Natürlich ehrte man ihn, den großzügigen Mäzen der Kultur, den Bewahrer von Baudenkmalen, den unermüdlichen Streiter für die Lüneburger Heide. Die Lokalzeitungen berichteten darüber. In keinem dieser Blätter aber stand etwas von dem, was Alfred Toepfer vor allem anderen gewesen ist: ein Außenhandelskaufmann und Schiffsreeder von hohen Graden.

Hahl-awer

Es war ein schöner Frühlingsmorgen, als zwei junge Bauernburschen die Straße nach Bremen zogen. In der Nähe des Paulsklosters rasteten sie einige Augenblicke, um vor dem Einzug in die Stadt noch erst zu frühstücken und sich ein wenig von der Reise zu erholen, denn sie hatten sich schon zeitig auf den Weg gemacht. Sie hatten zu Hause kein Vermögen zu erwarten, und da sie vernommen, wie der und jener sein Glück gemacht habe in der Stadt, so hatten sie beschlossen, dort ebenfalls ihr Heil zu versuchen.

«Bin ich doch recht neugierig», hob der ältere der Brüder an, nachdem er seine Blicke über die Stadt mit den sonnenhellen Türmen und Festungswerken hatte schweifen lassen, «was dort auf uns wartet. Erinnerst du dich noch, wie einst ein Durchreisender bei uns erzählte, wie man bei einer streitigen Ratsherrnwahl beschlossen habe, den ersten besten zu nehmen, der den Marktplatz betreten würde, und wie unmittelbar darauf ein Bauer mit seinem Kalb erschienen sei, welchen man dann auch richtig bestätigt habe? – Ja wenn das Glück auch etwas für einen tun wollte!» Er schaute sinnend vor sich hin. Der Jüngere aber fing hell an zu lachen über des Bruders Reden und machte ihm Vorwürfe über seinen hochfahrenden Sinn von Jugend auf.

«Du magst nicht Unrecht haben», fiel jener mit einiger Heftigkeit ein, «ich mag hoffärtig sein. Wenigstens ist es wahr, daß ich immer höher hinausgedacht habe als du, und ich denke, es soll mir auch in der Stadt nicht fehlen.»

«Woher des Weges und wohin?» erscholl die Frage eines Bürgers, der ihnen auf ihrem Weg nach dem Ostertor begegnete. «Wenn ihr kommt, um einen Dienst zu suchen, so kann ich einen von euch beiden gebrauchen und da bist du Kleiner mir groß genug.»

Der Mann hatte in seinem Wesen etwas so Entschiedenes, daß der junge Mensch es nicht wagte, sich lange zu bedenken, sogleich einschlug und seinem neuen Herrn folgte, nicht ohne ein triumphierendes Lächeln beim Abschied von seinem Bruder, schien es doch, als wenn ihm der Sieg nicht fehlen könne. Dann ging er mit seinem Herrn, der einen Garten in der Vorstadt besaß, den er zu bestellen und zu reinigen hatte.

Der andere Bruder war wirklich durch dies Ereignis etwas heruntergestimmt in seinen Hoffnungen und setzte traurig seinen Weg fort. Da er indes ein starker, kräftiger Jüngling war, so konnte es ihm gar nicht fehlen, in kurzem ebenfalls einen Dienst zu erhalten, und er trat als Hausknecht ein bei einem Kaufmann, wo er die Waren aus- oder einzupacken hatte.

Dort arbeitete er vom Morgen bis zum Abend und besorgte seine Obliegenheiten auf das pünktlichste, obgleich er nicht viel Worte machte. Denn da er, wie auch sein Bruder ihm vorwarf, nicht zufrieden war mit einem bescheidenen Los, so strebte er höher hinaus und war keineswegs gesinnt, seine jetzige Stellung lange zu behaupten. Er freute sich nur, daß er dadurch erst festen Fuß in Bremen gewonnen habe und sich jetzt ohne Sorgen nach einer andern Stelle umsehen könne, die seinen Hoffnungen und Entwürfen entsprechender sei.

Es war ganz natürlich, daß der fleißige, schweigsame Jüngling in kurzem die Aufmerksamkeit seines Herrn erregte, er ließ sich dann und wann mit ihm in ein Gespräch ein und entdeckte viel natürliche Anlage bei dem jungen Mann. Nun traf es sich, daß sein Buchhalter alt und abhängig wurde, und da er den Augenblick die Stelle nicht besser zu besetzen wußte, so kam er auf den Gedanken, die Anlagen des Jünglings, den er seiner Rüstigkeit wegen liebgewonnen hatte, durch den nötigen Unterricht ausbilden zu lassen und den Versuch zu machen, inwiefern er denselben anderweitig in seinem Geschäft verwenden möchte.

Die Ansprüche jener uralten Zeit waren nicht sehr bedeutend, und die wenigen Abendstunden, welche ihm seine Hausarbeiten frei ließen und die er zum Unterricht im Rechnen und Schreiben verwenden konnte, reichten vollkommen hin, um aus ihm bei seinem anhaltenden Fleiß und bei seiner beharrlichen Ausdauer in Jahresfrist einen Mann zu bilden, dem sein Herr unbedenklich die Führung der Bücher anvertrauen konnte. Der alte Buchhalter wurde in Ruhestand versetzt, der junge Mann übernahm die Stelle und versah seine Geschäfte mit einer Tätigkeit und Besonnenheit, die nur dazu beitragen konnten, ihm mehr und mehr die Liebe und das Zutrauen seines Herrn zu gewinnen.

Wäre ihm früher, als er noch auf seinem Dorfe in ärmlicher Dürftigkeit lebte, die Aussicht eröffnet worden, daß er jemals in seinem Leben eine solche Stellung wie die jetzige in der bürgerlichen Gesellschaft einnehmen sollte, so würde er darin sicherlich das Ziel seiner höchsten Wünsche erblickt haben.

Jetzt aber, wo er durch die Gunst des Schicksals eine Stellung bekleidete, auf welcher er sich freilich keine Reichtümer und Schätze erwerben konnte, die ihm aber ein ehrenvolles und reichliches Auskommen gewährte, jetzt genügte ihm auch diese nicht mehr, und sein einziger Gedanke bei Tage und Nacht war der, wie er zu großen Ehren und gewaltigem Reichtum gelangen möge.

Solches Sinnen und Trachten ließ ihm keine Ruhe und verbitterte ihm seine besten Stunden, da sich ihm trotz aller Grübeleien die Quelle des Reichtums und das Tor der Ehren nicht entdecken und auftun wollte, seine Wangen wurden mit jedem Tage blässer, und sein Gesicht trug die tiefsten Spuren seines unruhigen Grams.

Nicht ohne Sorgen betrachtete der Herr den Diener, wie er zusehends abfiel. War es ein geheimer Kummer, der ihn drückte? Waren es die Keime einer zerstörenden Krankheit, die sich in seinem Körper zu entwickeln anfingen? Er wartete vergebens darauf, daß sein Liebling sich ihm entdecken möchte, und beschloß endlich, einmal selbst ein ernsthaftes Wort an ihn zu richten. Er nahm ihn also mit auf sein Zimmer und forderte ihn auf, ungescheut seinen Gram zu offenbaren.

Der Buchhalter wollte lange nicht heraus mit der Sprache, er fürchtete, seinen Gönner durch die Entdeckung, daß ihm seine jetzige Stellung zu unbedeutend und zu gering erscheine, zu beleidigen, er meinte, durch eine solche Äußerung unfehlbar seine jetzige Stelle zu verlieren und durch ein solches Ereignis mit einem einzigen Schlage all seine Hoffnungen auf eine bedeutende Zukunft zu vernichten. Das wäre ihm unerträglich gewesen, und, mochte der Herr auch noch so milde Worte an ihn richten, er beharrte festiglich bei seinem Schweigen.

Als der Herr sah, daß alle väterliche Liebe, Bitten und Zureden an der Hartnäckigkeit seines Gegners zurückprallten, da entbrannte er in gerechtem Zorn.

«Deswegen also», hub er an, «habe ich dich aus dem Staube hervorgehoben und begünstigt vor vielen, um mir einen mürrischen, einsilbigen Sonderling zu erziehen! Wäre ich ein Freund von solchen Toren, die hätte ich wahrlich auf leichterem Wege erlangen können!»

Der alte Herr hielt einen Augenblick inne und sah dem andern prüfend ins Auge. Der aber wurde nur mehr und mehr bestürzt und verwirrt, so daß er durchaus nicht imstande war, eine genügende Antwort zu erteilen.

«Wird es dir denn so schwer», hub der alte Mann jetzt

wieder an, und der Ton seiner Stimme wurde weich und väterlich milde, «wird es dir so schwer, mir etwas einzugestehen, was für mich schon lange aufgehört hat, ein Geheimnis zu sein? Oder hält dich vielleicht die Befürchtung einer abschlägigen Antwort von meiner Seite zurück? Ich habe dir mehr Scharfsinn zugetraut und meine, du würdest in den fünf Jahren, die du in meinem Hause bist, mich besser kennengelernt haben, als daß du mir zugetraut hättest, ich würde demjenigen, den ich nachgerade als meinen Sohn zu betrachten mich gewöhne, irgend etwas verweigern, was zu seinem Glück beitragen könnte.

Aber obgleich ich schon seit langem weiß, wie die Sachen stehen», fuhr er nach einer Weile fort, indem er mit freundlichem Vorwurf zu dem Aufhorchenden trat, «obgleich ich dein Geheimnis schon längst durchschaut habe, so schwieg ich doch, in der Erwartung, du würdest offener gegen mich sein. Oder sollte ich vielleicht vor dich hintreten und dich bitten, die Hand meiner Marie doch nur hinzunehmen?»

Jetzt horchte der junge Buchhalter hoch auf, diese Ansicht der Dinge war ihm ganz neu, er wußte sich aber schnell zu fassen. Denn er sah nun, daß seine Hausgenossen seinem Kummer eine andere Ursache unterlegten, und nahm sich wohl in acht, den Irrtum aufzuklären.

Sein alter Herr nämlich war kinderlos und hatte auf die Bitten seiner Frau eine junge Verwandte an Kindes Statt zu sich genommen. Als man nun die Niedergeschlagenheit des jungen Mannes bemerkte, so schrieb man dies im Hause dem Umstand zu, daß er der hübschen Marie zu tief in die Augen gesehen habe, es aber nicht wage, um die reiche Erbin zu werben. Da aber der junge Buchhalter im Hause so gut angeschrieben war, so beschloß endlich der Hausherr, das Schweigen zu brechen, ihm die Augen zu öffnen über sein Glück und seinen Gram mit einem Mal zu endigen, was ihm auf die angegebene Weise vollständig gelang.

Der junge Buchhalter stürzte dem Herrn zu Füßen und wußte jetzt seinem Entzücken eben so wenig Worte zu verleihen als vorher seiner Verlegenheit. Der alte Mann aber, welcher wußte, daß eine solche Verbindung auch Mariens innigster Wunsch sei, hob ihn in die Höhe und führte ihn ins Wohnzimmer, wo Marie neben seiner Frau mit Spinnen beschäftigt war, und legte ihre Hände segnend zusammen, in tiefster Seele erfreut, das Glück derjenigen beiden Menschen, die ihm nächst seiner Frau die teuersten auf der Welt waren, begründet zu haben.

Nicht lange nachher fand eine fröhliche Hochzeit statt, der alte Herr zog sich aus dem Geschäft zurück und überließ dem früheren Buchhalter die ganze Handlung. War das Glück dem Hause in früheren Zeiten nicht abhold gewesen, so schien es jetzt alles aufzubieten, um alle seine Schätze darüber auszuschütten. Mit jedem Jahre vermehrte sich die Zahl der Schiffe, die gingen nach allen Gegenden der Nord- und Ostsee und führten die Erzeugnisse von Rußland, den nordischen Reichen und Island nach Bremen. Das Wohnhaus, schon etwas veraltet, wurde von neuem aufgeführt und prachtvoll ausgebaut, es schimmerte sein Glanz die ganze Obernstraße hinunter, später war es des Bürgermeisters Mindemann Wohnung, aller Orten sah man die geräumigen Warenlager des Hauses, und es fehlte nichts, was den äußern Glanz desselben hätte vermehren können.

Im Hause war lieblicher Kindersegen, und nach Verlauf weniger Jahre belebten zwei heitere Knaben und eben so viel blühende Mägdlein die Stille des Hauses. Krankheit und Siechtum, die sonst so oft die Ruhe der Familien untergraben, war hier etwas Unerhörtes, und selbst die Eltern genossen einer rüstigen Gesundheit bis ins höchste Lebensalter. So schien also auch das innere Glück des Hauses ohne Fehl und gegen jeden Stoß des Schicksals gesichert.

Aber dennoch fand der junge Mann keine Ruhe, es war, als würde er von heimlicher Schuld gepeinigt, und als würde er von schweren Gewissensbissen verfolgt. Seine Frau und die Eltern waren zum Höchsten über diesen bedauernswerten Seelenzustand bekümmert, aber keine Teilnahme, nicht die innigste, liebevollste Zurede half, und man mußte zuletzt von jedem Versuche abstehen, dem Unglücklichen Trost zu bringen.

Was war es denn nun aber, was den Unglücklichen hin und her trieb, als drücke ihn eine schwere Blutschuld, was war es denn, was seine Wangen bleichte und den Glanz seines Auges trübte? Was war es, das ihm bei Tage die Ruhe raubte und bei nächtlicher Weile nicht schlafen ließ? – Es war nichts mehr und nichts weniger als der übertriebenste Ehrgeiz, der das größte häusliche Glück für nichts achtete, wenn es nicht verbrämt war mit dem Flitterglanz äußerlicher Ehren. Ja, er hätte gern einen Teil seines häuslichen Glückes geopfert für eine Stellung, die ihm einen in die Augen fallenden Einfluß auf das Wohl und Wehe seiner Mitbürger verliehen und die daraus entspringende Ehrfurcht der Menge gesichert hätte.

Er war aber einmal ein Kind des Glücks, und es schien, als wenn dasselbe geneigt wäre, dem zudringlichen, ungenügsamen Liebling keinen seiner Wünsche abzuschlagen. Durch seine unermeßlichen Reichtümer genoß er naturgemäß eines überwiegenden Ansehens, und als nun die Stelle eines Stadtrichters zufällig erledigt wurde, wandten sich aller Augen auf ihn, da seine Unparteilichkeit nicht dem geringsten Zweifel unterlag und sein bedeutendes Vermögen die sicherste Bürgschaft für seine Unbestechlichkeit zu gewähren schien. Mit einem Wort, er wurde einhellig zum Stadtrichter erwählt, und nun sah er mit einem Male seine kühnsten Wünsche erfüllt. Er hatte jetzt Geld und Gut vollauf, so daß er unbedenklich seine Handelsgeschäfte beiseite legen konnte, er bekleidete eine der einflußreichsten Stellen in der Stadt, die ihm äußere Ehren und äußeren Glanz verlieh. Was fehlte nun noch seinem Glück? Er glaubte, nichts, und somit änderte sich auch mit einem Male der Zustand seines Innern. Er wurde wieder freundlich und teilnehmend, wie in seinen jüngern Tagen, und seine Gattin und die Kinder empfanden zum ersten Male das vollkommene Glück der häuslichen Glückseligkeit.

Er hatte nun mithin jenes Ziel, welches ihm bei seiner Einwanderung vorgeschwebt, und das seinem Bruder so lächerlich vorgekommen war, wirklich erreicht, freilich nicht in einem Tag, wie jener Landmann mit seinem Kalb, sondern nach jahrelangem Streben, nach vieljähriger Mühe und Pein. Auch nahm er sein Richteramt wahr mit Ernst und Würde, niemand hatte begründete Ursache, sich über seine Entscheidungen zu beschweren, und er erwarb sich, was gerade in dieser undankbaren Stellung so gar wenigen gelingt, die unumschränkteste Liebe, das ungeteilteste Vertrauen. Er war noch immer ängstlich, ob seinem Glück noch etwas abgehen könne, aber schon nach wenigen Jahren war er zu der festen Überzeugung gelangt, daß er der glücklichste der Sterblichen sei. Aber die Erde ist nicht der Wohnsitz ganz reiner, ungetrübter Seligkeit, diese bittere Erfahrung sollte der Richter endlich auch machen, und zwar durch das Zusammentreffen von Umständen, welche dazu am wenigsten Veranlassung hätten bieten dürfen.

Sein Bruder nämlich, der sich schon bei seinem Eintritt in die Stadt von ihm getrennt hatte, war bei seinem Gärtner in Dienst geblieben manches lange, liebe Jahr, und obgleich ihm der Älteste, als er in bessere Umstände geriet, oftmals Unterstützung angeboten hatte, damit er sich selbst einen Garten kaufen oder sonst ein beliebiges anderes Geschäft ergreifen könnte, so hatte er solches beständig abgelehnt, vielleicht wie der Ältere meinte, aus einer Art von Neid gegen den Glücklicheren. Er schützte beständig vor, er sei selber Manns genug und werde sich schon durchzuhelfen wissen.

Diese beständige Verweigerung und Abwehr seiner gutgemeinten Anerbietungen verdroß den älteren Bruder, es trat große Kälte unter den beiden ein, und im Verlauf der Jahre wurden sie einander fast fremd, da der Reiche müde war, mit seinen Unterstützungen aufdringlich zu sein, der Jüngere aber zu stolz, um sich am Strahl der Glückssonne seines Bruders zu wärmen. Anstatt also unter jener Beihilfe eine großartige Rolle zu spielen, suchte der Jüngere etwas darin, sich auf eigne Hand einzurichten, sollte es auch noch so dürftig sein, und er war überglücklich, als er die Hand der Tochter des alten Fährmanns am Punkendeich erhielt, dessen Nachfolger er nun wurde. Hatte er jetzt doch seinen eigenen Herd und sein gutes Auskommen, was kümmerte ihn jetzt des Bruders Glanz und Größe?

So verfloß denn manches Jahr, und mancher Wassertropfen lief weserab, ohne daß sich der eine um den andern kümmerte, ja ohne daß der eine des andern auch nur ansichtig wurde, und während der ältere Bruder in Lust und Freuden lebte, saß der jüngere draußen am Strom und wartete treulich seiner Fähre, und wenn der Abend herabstieg und die Sterne am Himmel funkelten oder der Mond sich in den Fluten spiegelte und die ferne Landschaft in süßer Dämmerung verhüllt lag, da dachte er oftmals, daß die goldenen Prachtgemächer seines Bruders in den beschränkten Straßen der Stadt doch nichts wären gegen die Herrlichkeit, welche ihm zu schauen vergönnt.

Er dachte kaum mehr an ein Zusammentreffen mit seinem Bruder, als die Melker auf eine Herabsetzung des Fährgeldes nach dem Werder bestanden. Was sie dem alten Fährmann bewilligt, sei freiwillig gewesen.

Jetzt trat der Fährmann vor den Richter hin und überreichte ihm schweigend die Beweise, daß er ganz in seinem Rechte sei. Nun glaubte der Richter, es würde einen bösen Schein auf seine Unparteilichkeit werfen, wenn er dem Bruder das Recht zuspräche, und setzte des Fährmanns Lohn auf die Hälfte herab. Da erbleichte der Jüngere, denn es trat vor seine Seele der Mangel und die Not seines Weibes und seiner Kinder für die Zukunft, und er rief im Fortgehen: «Solch ungerechtes Gericht wird dich auch im Tode nicht ruhen lassen.»

Jetzt erkannte der Richter, wie der falsche Schimmer der Gerechtigkeit ihn zu der größten Ungerechtigkeit verleitet gegen den eigenen Bruder. Er erhob sich, als wollte er demselben nacheilen, aber nach wenigen Schritten wurde sein Auge stier, die Wangen leichengrau, und er sank zum Entsetzen aller Anwesenden tot zu Boden. Seine Frau war untröstlich und zog nach seiner Bestattung zu ihren Verwandten aufs Land, da ihre prächtige Wohnung keinen Reiz mehr für sie hatte. Es fand sich leicht ein Käufer zu dem schönen Hause, doch obgleich er es für wenig Geld erstanden, meinte er doch schon nach einigen Tagen, daß er es viel zu teuer bezahlt. Denn wenn er aus dem Fenster des Prachtsaales schaute, stand niemand anders hinter ihm, als der Geist des verstorbenen Richters, der ihm mit gramerfülltem Antlitz über die Schulter blickte. So zeigte sich derselbe unvermutet in Küche und Keller, und alle Hausbewohner gerieten in Schreck. Da ließ man aus fernen Landen einen sehr gelehrten Kapuziner kommen, der trieb den Geist durch seine Beschwörungen dahin, wo er ihn haben wollte, und brachte ihn des abends trotz allen Widerstrebens in den bereit gehaltenen Wagen. Dann ging es fort nach dem Ostertor, und aus der Kutsche ließ gegenüber dem Rathaus eine schreckliche, durchs innerste Mark dringende Stimme dreimal die Mahnung ertönen: Richtet recht! Je mehr sie sich dem Ostertor näherten, desto schwerer machte sich der Geist, denn er wollte ungern zur Stadt hinaus, bis die Pferde still standen. Aber der Kapuziner lächelte über solche vergebliche Widersetzlichkeit, ließ Vorspann kommen aus dem Marstall, und jetzt ging es in raschem Trabe zum Tor hinaus nach dem Schwarzen Meer und der Pauliner Marsch. Dort wurde der Geist gebannt mit solchem Bann, daß er nicht eher zurückkehren dürfe, als bis er den Sumpf mit einem Siebe erschöpft habe bis auf das letzte arme Tröpflein und das grüne Gras auf der Weide gezählt bis auf den letzten Halm.

Dieser Auftrag mochte dem Geist zu trocken vorkommen, denn anstatt zu schöpfen und zu zählen, vertrieb er sich die Zeit mit andern Dingen. Er neckte und prügelte die Melkerknechte, die in früher Morgendämmerung die Weide betraten, und lief wie ein frischer junger Kerl, wo sich ein hübsches Mädchen in der Ferne zeigte, so daß die ganze Pauliner Marsch in Verruf kam und von jedermann gemieden wurde.

Dem Verbannten war es jetzt auf der Wiese zu einsam, und nach der Stadt durfte er doch nicht wieder zurück, so lange nicht der Bann gelöst war. Also richtete er sein Trachten nach dem Werder, woher das Gelächter der Milchmädchen so lockend herüberscholl. Dem Fährmann fiel es nun freilich wohl auf, als er in der Morgendämmerung sein Schiff betrat, um die Melker überzusetzen, und unter ihnen eine herrlich gekleidete Gestalt erblickte, die abgewandten Gesichts ins Wasser sah, aber erst als das Schiff drüben angekommen war, löste sich ihm das Rätsel. Denn sowie der Fährmann der Sitte gemäß ans Ufer trat, um der Reihe nach das Fährgeld in Empfang zu nehmen, raffte sich die Gestalt empor und schoß an ihm vorüber, indem sie mit heiserer Stimme rief: «Der letzte Mann bezahlt die Fähr'!» Da sprang der Schiffer entsetzt in seinen Kahn zurück, und alle schrien, er möge sie nur in Gottes

Namen wieder zurückführen. Denn der Fährmann hatte in des Bruders verzerrtes Angesicht geschaut, und den übrigen war das heisere Gelächter gar wohl bekannt. Drüben nun war es viel lustiger als auf der Marsch, und der Verbannte vertrieb sich die schöne Sommerzeit mit den muntersten und gottlosesten Streichen. Aber als der Herbst kam, sehnte er sich wieder nach der Marsch, um zu versuchen, ob es ihm nicht in den langen Herbst- und Winternächten gelingen möchte, den Sumpf zu entleeren, die Halme zu zählen und seinen Bann zu lösen. Er rief also das Losungswort für den Fährmann, das weit hallende *Hahl-awer*, als aber der Gerufene sich näherte und den erkannte, der am Ufer stand, wandte er mit Grauen sein Fahrzeug zurück. Jener erhob späterhin wohl noch oftmals seine Stimme, aber dem Fährmann war der Ruf bekannt, und er ließ sich nicht täuschen, noch auch seine Kinder und keiner seiner Nachfolger, so muß der Verbannte, den man seines Rufs wegen den Hahl-awer nennt, drüben bleiben, so lange noch der Fisch im Wasser ist und der Vogel in der Luft. Zur Sommerzeit geht's, wenn aber erst die Kühe hereingetrieben sind und der Herbst ist da, wo er nur die einsame Lerche hört, die sich beim Dämmerschein des Mondes mit leisem Schrei vom Boden erhebt, wenn er ihrem Lager zu nahe kommt, und der Winter mit seinen Gewässern, welche die Landschaft weit und breit überströmen, dann graut ihn, und noch heutigen Tags ziehen die Bewohner des Punkendeichs die Bettdecke fester, wenn in dunklen Winternächten vom Werder herüber voll Klage und Sehnsucht der Ruf hallt: *Hahl-awer.*

Bremer Volkssage

ANTON KIPPENBERG

Navigare necesse est

Das «Haus Seefahrt» ist eine der ältesten wohltätigen Einrichtungen der alten Hansestadt [Bremen] und ihre volkstümlichste zugleich. Seine Gründung geht in das Jahr 1545 zurück: die damals lange schon vorhandene Schiffergesellschaft, genannt die «Gemeene Schipffarde unser Stad», erhielt vom Rat die Erlaubnis, gewisse Gelder einzuziehen und zum Besten der Armen ihres Standes zu verwenden. Beiträge der Mitglieder kamen hinzu, auch wohl gelegentlich schon Geschenke wohlhabender Bürger. Aber sie blieb doch in doppeltem Sinne die «Arme Seefahrt», wie sie sich bald nach ihrer Begründung nannte. Im Jahre 1565 verband sie sich dann mit den «fürnehmen Kaufleuten und Schiffsreedern», die an Stelle der oft und lange abwesenden, zudem meist geschäftsunerfahrenen Schiffer die Verwaltung der Anstalt übernahmen. «Oberalte» blieben als Organe an der Spitze der Schifferschaft. Mit Hilfe der Kaufleute wurde wohl schon im Jahre 1561 ein großes Grundstück am damaligen Rand der Stadt mit einem alten Wohnhaus erworben. Es war mit einigen «Gottesbuden» verbunden; so nannte man kleine Häuschen, die man nach alter schöner Sitte oft an Privathäuser und Spitäler anbaute, um armen Leuten in naher Gemeinschaft mit dem großen Hause Unterkunft zu gewähren. In diesen «Gottesbuden» und in den kleinen «Pröven»wohnungen eines später hinter dem Haupthaus erbauten Wohnhauses verbrachten die Witwen auf See gebliebener Schiffer oder alt gewordene Seeleute friedlich ihren Lebensabend. Außerdem aber gab die Anstalt denen, die nicht behaust werden konnten – armen Schiffern, Durchreisenden, Schiffbrüchigen und natürlich auch den Waisen –, Lebensmittel, Feuerung, Kleidung und später Geld. Immer reichlicher flossen die Spenden der Kaufleute und Reeder; sie, wie auch der Brauch, einen Teil des Erlöses aus wohlgelungener Fahrt in die «Gotteskiste» einzulegen, und alljährliche Sammlungen in der ganzen Stadt, wie wir sie in unserer Jugend noch kannten, ermöglichten einen immer weiteren Ausbau des großen Liebeswerkes; regelmäßige Pensionen wurden gezahlt, eine Witwenkasse gegründet, und für den Loskauf von den «Barbaresken» aufgebrachter und als Sklaven verkaufter Schiffer, und für die Versorgung ihrer Angehörigen bestand eine Sklavenkasse. Zu Anfang des siebzehnten Jahrhunderts war das «Haus Seefahrt», wie es seit 1561 hieß, so reich, daß es um 1620 zum Bau des Vegesacker Hafens einen wesentlichen Teil der Kosten beisteuern konnte. Im Jahre 1663 errichtete es ein neues Gebäude, dessen Portal man die Inschrift gab: *Navigare necesse est, vivere non est necesse.* Sie mahnte die *Lebenden*, denn das neue Haus war zugleich das Gildehaus der Schiffer. Dieses schöne alte Gebäude, eine der Zierden der Stadt, wurde zu Anfang der siebziger Jahre des vorigen Jahrhunderts niedergelegt. Schon aber waren seit 1854 in einer der Vorstädte um einen grünen Hof herum achtzehn neue Prövenhäuser entstanden; nun errichtete man dort das dritte «Haus Seefahrt» und nahm aus dem alten Haus das große Eingangstor und die Portale mit hinüber, symbolisch gleichsam, denn es blieb der alte Geist, blieb die Pflege der Jahrhunderte alten Überlieferungen; und wenn der Rat der Stadt im Jahre 1545 die Ordnung der Anstalt bestätigt hat, «damit sie zu ewigen Tagen fest und unverbrüchlich gehalten werde», so ist sein Wunsch, wenn man die Ewigkeit zunächst einmal bis heute rechnet, von den nun fünf «Vorstehern» aus der Kaufmannschaft und den vierzehn «Oberalten» aus der Schifferschaft treu erfüllt worden.

Mit dem «Haus Seefahrt» aber verband sich früh schon eine Einrichtung, die sehr berühmt geworden ist: die «Schaffermahlzeit», wohl das älteste alljährliche Mahl, das es in der Welt gibt, und der letzte der großen Jahresschmäuse in der alten Hansestadt nach dem Aufhören der «Quappenmahlzeit» der Fischerzunft. Da die Schaffermahlzeit namentlich in den Jahren, die wir zu schildern versuchen, und darüber hinaus eine große Bedeutung für die alte Hansestadt gehabt hat, so wollen wir ein wenig bei ihr verweilen. Schon zu der Zeit, da die Schiffer noch unter sich waren, wurde, wie auch sonst üblich, mit der jährlichen Rechnungsablage ein Mahl verbunden, dessen Kosten jeder Teilnehmer aus seiner Tasche zahlte. Es mag freilich bescheiden genug gewesen sein. Am zweiten Freitag des Februars fand es statt, der in der katholischen Zeit ein großer Fastentag war, an dem man Stockfisch zu essen pflegte. Dieser Fisch war eine Haupteinfuhrware der alten Hansestadt und eines der hauptsächlichsten Schiffergerichte. Dazu trank man das altheimische Bier, das lange schon die bedeutendste Ausfuhrware bildete. Später wurde ein eigenes «Seefahrtsbier» für die Schaffermahlzeit gebraut, ein dickes braunes Schafferbockbier, wenn wir so sagen dürfen, das als gut galt, wenn man es auf eine Bank goß, sich daraufsetzte und mit der Hose kleben blieb. Auf die Herbeischaffung des Stockfisches war man zeitig bedacht. Man lagerte ihn im eigenen Keller, und – wann damit begonnen wurde, wissen wir nicht – am Montag vor der großen Mahlzeit wurde der Stockfisch bei der sogenannten «Schmeckemahlzeit» feierlich gekostet. Stockfisch und Seefahrtsbier ziehen sich dann durch alle Wandlungen der Schaffermahlzeit hindurch wie der rote Faden durch das Tauwerk der englischen Kriegsschiffe. Beides pflegten viele Familien der Stadt bis in unsere Zeit am Tage der Schaffermahlzeit mittags zu essen und zu trinken.

Als die Kaufleute die Verwaltung des «Hauses Seefahrt» übernahmen und damit auch die Kosten der Mahlzeit, wurde das Mahl reichlicher, und im eigenen Haus erhielt es eine neue Bedeutung: es wurde zu einem Bruderfest von Schiffern, Reedern und Kaufleuten, zu einem letzten fröhlichen Beisammensein, bevor die Schiffe den vom Eise befreiten Strom wieder hinabfuhren, um von neuem mit Wind und Wellen zu kämpfen. Die Verwalter der Anstalt, zwei Kaufleute und zwei Schiffer, hießen «Schaffer». Früh schon scheint der Brauch aufgekommen zu sein, daß sie allein die Kosten des Mahls bestritten. So wurde aus der «Großen Mahlzeit» die «Schaffermahlzeit». Im Jahre 1661 lesen wir zuerst von der «Schaffergasterei». Später war das Schafferamt mit dem eines Schatzmeisters nicht mehr verbunden, und es wurden alljährlich zwei, von 1855 an drei neue kaufmännische Mitglieder gewählt, die die Verpflichtung übernahmen, nach zwei Jahren gemeinsam die Schaffermahlzeit auf ihre Kosten auszurüsten. Vier, später sechs Kapitäne standen ihnen als Mitschaffer zur Seite. Das neu erwählte Mitglied konnte zwar sogleich an Versammlungen, Wahlen und an den Schaffermahlzeiten teilnehmen, aber Ehrenstellen zu bekleiden war es erst berechtigt, nachdem es «geschafft» hatte. Schaffen zu *dürfen* aber galt und gilt als eine sehr hohe Ehre in der alten Hansestadt.

In der ersten Hälfte des siebzehnten Jahrhunderts waren die Schafferfeste schon recht üppig. Sie dauerten mehrere Tage: der erste war für die Rechenschaft bestimmt, bei der es ohne ein Mahl wohl nicht abging, der zweite für die «Große Mahlzeit», und am dritten gab es ein Fest für die Frauen und Töchter und deren Freundinnen. Dazu kam im Januar die Bierprobe, die Auskostung der von den verschiedenen Brauern ohne Nennung der Namen eingeschickten Biere, verbunden mit einer solennen Schmeckebiermahlzeit, und acht Tage nach dem Fest die Danksagemahlzeit, die der verwaltende Vorsteher den Schaffern ausrichtete. Immer mehr aber artete die Mahlzeit zur Völlerei aus. Das Mitnehmen von «Bündels» ähnlich dem «Isen», das wir von der Senatorenwahl her kennen, nahm immer wildere Formen an, ja es kam – blutenden Herzens muß der Chronist das berichten – auf den Mahlzeiten zu Raufhändeln. Umsonst suchten des öfteren die «Herren und Ältesten» dem Unwesen zu steuern. Aber um die Mitte des achtzehnten Jahrhunderts führte ein strenger Bürgermeister die Mahlzeiten auf eine einzige und diese auf ein vernünftiges Maß – wir werden sehn, was er darunter verstand – zurück. Vor allem wurde die Teilnahme daran wieder streng auf die Mitglieder des «Hauses Seefahrt», Kapitäne und Kaufleute, beschränkt. Kein Bürger der alten Hansestadt, und sei er Senator oder gar der Regierende Bürgermeister, konnte an der Schaffermahlzeit teilnehmen, der nicht geschafft hatte, schaffte oder als künftiger Schaffer gewählt war. Aber einen bedeutungsvollen Entschluß faßten die Vorsteher im Jahre 1780: Fremde, die sich zufällig in der Stadt aufhielten, Persönlichkeiten von Rang, Kaufleute und Kapitäne fremder Flaggen durften eingeladen werden. Indessen hatten sich auch die prominentesten Fremden der althergebrachten Tischordnung zu fügen. Bald kamen Gäste von auswärts hinzu, zunächst, schon der Verkehrsschwierigkeiten wegen, ihrer nur wenige; aber die Zahl wuchs und mit ihr die Bedeutung der Gäste. Im übrigen blieb von nun an, von kleinen Wandlungen und Anpassungen abgesehen, der Charakter der Schaffermahlzeiten mit allem alten Brauchtum bis zum Weltkrieg unverändert. Und so ist die Schaffermahlzeit im Jahre 1936, nachdem sie eine Reihe von Jahren geruht oder nur als einfaches «Labskausessen» stattgefunden hatte, zu neuem Leben erwacht.

Ehe wir nun den Verlauf der Schaffermahlzeit schildern, müssen wir von ihrer substantiellen Grundlage sprechen, vom Essen. Es spielt in der alten Hansestadt überhaupt eine wichtige Rolle, aber man legt dort von alters her mehr Gewicht darauf, daß gute Hausmannskost gut zubereitet sei, als auf Leckerbissen besonderer Art. Das zeigt sich auch in der Geschichte der Schaffermahlzeit. Speisenfolgen aus jener Zeit sind uns nicht erhalten, aber sie müssen sehr umfangreich gewesen sein, wenn der gestrenge Bürgermeister um 1750 wünscht, daß man zur «Einfachheit», wie sie vor zweihundert Jahren geherrscht habe, zurückkehren möge: frisches und geräuchertes Fleisch, Schinken, Sauerkraut, Stockfisch, Karpfen, Käse und Butt. Die beiden Suppen galten wohl als selbstverständlich. Seltsamerweise war der altheimische braune Kohl mit Rauchfleisch und Pinkel nicht genannt, der bei allen späteren Schaffermahlzeiten, von denen wir Kunde haben, nicht fehlte. Eine Reihe von Jahren mag nun die Speisenfolge wieder ähnlich gewesen sein, bis «das ganz überflüssige und kostbare Gerichte derer Karpen» im Jahre 1796 von der Tafel verschwinden mußte. Nach hundert Jahren, 1896, wurde den damaligen Schaffern erlaubt, gleichsam einen Karpfengedächtnisgang wieder einzulegen, doch die Bestimmung wurde getroffen, daß diese Ausnahme erst nach weiteren hundert Jahren wiederum gemacht werden dürfte. Als die Gäste immer mehr an Zahl wuchsen und die Mägen allmählich entarteten, legte man zwischen die hergebrachten Gänge leichtere ein, machte den Stockfisch durch Krebstunke für manche schmackhafter – die alten blieben bei Butter, Pfeffer und Salz –, sorgte durch Backpflaumen und gedämpfte Äpfel für die Bekömmlichkeit der schweren Kost und fügte den Nachtisch, zuerst nur aus Rosinen und Mandeln, dann auch aus Früchten und Gebäck bestehend, hinzu. Aber diese bescheidene Neuerung begann erst um 1890; in den achtziger Jahren lauteten die Speisekarten im allgemeinen so: weiße (Hühner-) und braune (Ochsenlenden-) Suppe,

Stockfisch mit Butter oder einer dicken weißen Sauce, brauner Kohl mit Rauchfleisch und Pinkel, Sauerkohl mit Schinken, Teltower Rübchen mit Bratwurst, Ochsen- oder Kalbsbraten, Butter und Käse und geräucherter Rigaer Butt (zur Erinnerung daran, daß Riga einst von der alten Hansestadt aus gegründet wurde). Dazu gab es Seefahrtsbier und, wie hergebracht, je einen Bordeaux- und Rheinwein, die, wiederum ohne Nennung der Namen, von den Weinhändlern der Stadt eingereicht, in feierlicher Sitzung erprobt und zum Schafferwein des Jahres erklärt worden waren. Es blieb aber die alte Sitte der vorausgehenden Bierschmeckemahlzeit bestehen, für die der Handelskammer als Nachfolgerin der «Ältesten der Kaufmannschaft» Seefahrtsbier und Stockfisch gesandt wurden, und die Danksagemahlzeit.

Unter strenger Beobachtung der alten Bräuche und Zeremonien ging die Schaffermahlzeit am zweiten Freitag des Februars vor sich. Von mittags um zwei Uhr an versammelten sich die Mitglieder und ihre Gäste in dem Vorsaal, den die Wappen aller Vorsteher und Oberalten von 1582 an schmücken, und um drei Uhr erklang aus dem Munde des Ersten Vorstehers der alte Ruf, mit dem die Schiffsleute vom Deck und aus dem Schiffsraum vom Koch zum Essen gerufen wurden. «Schaffen, schaffen, unnen un boven, unnen un boven schaffen!» Dann begab sich alles in den Festsaal, wo drei Längstafeln mit einer Quertafel altväterlich gedeckt waren. Schwere Messingleuchter und große alte Silberhumpen, gefüllt mit Seefahrtsbier, standen darauf. Neben den Gedecken lag je eine Tüte aus Gold- und Silberpapier, mit Pfeffer und Salz gefüllt; das erinnerte an den alten Brauch, da man beides in Papier eingewickelt selbst mitbrachte. Unter jedem Teller breiteten sich große viereckige Löschblätter, von denen Stücke abgerissen wurden, um Messer und Gabel nach jedem Gang zu reinigen, denn die Teller wurden wohl gewechselt, nicht aber die Bestecke. An der Quertafel saßen mit den Gästen, die man besonders zu ehren gedachte, die Vorsteher, am Kopf der drei Längstafeln die kaufmännischen Schaffer, rechts und links von ihnen je zwei der Mitschafferkapitäne, an den Längstafeln nahmen nach alter Rangordnung die Oberalten und anderen Mitglieder zwischen den Gästen Platz. Elf Trinksprüche, deren Reihenfolge streng vorgeschrieben war, wurden von den drei kaufmännischen Schaffern während des Mahls ausgebracht, auf beiden Seiten der Redner standen zwei der mitschaffenden Kapitäne als sinnfälliges Zeichen der alten Gemeinschaft. Reden anderer Mitglieder und von Gästen folgten. Nach dem ersten Trinkspruch, dem «freundlichen Willkomm», gingen die Silberpokale mit Seefahrtsbier, angefangen bei den ältesten Vorstehern und Oberalten, paarweise die Tische entlang. Die Gegenübersitzenden tranken sich unter dreimaligem Anstoßen – zweimal mit gekreuzten und einmal mit gerade gehaltenen Pokalen – und feierlicher Verbeugung zu. Nun folgte Gang auf Gang, Rede auf Rede; gemeinsam gesungene Lieder würzten das Mahl, bis zuletzt die Damen . . .

Von ihnen wurde noch nicht gesprochen. Die Frauen der Schaffer und je zwei Freundinnen, die einzuladen sie berechtigt waren, hatten in den Tagen vorher und am Morgen vor dem Mahl in Holzpantoffeln («Klönken» genannt) und weißen Schürzen in den Küchen und Anrichteräumen die Vorbereitungen für die Mahlzeit getroffen; nun durften sie das Mahl teilen: im alten Haus durch eine Gardine abgetrennt im Festsaal sitzend, im neuen in einem Nebensaal, aus dem sie während der Reden an die Tür des Festsaals traten. Nach Beendigung des Mahls reichten sie den Kaffee und die langen holländischen Tonpfeifen – die Zigarre wurde erst um die Mitte des vorigen Jahrhunderts geduldet und in den sechziger Jahren neben der Pfeife eingeführt. Dann führten sie den ersten Tanz an, denn schon wartete eine inzwischen angekommene tanzfrohe Jugend, die sich zu den singenden und trinkenden Alten gesellte. Bei den letzten Tänzen verlosch eine Lampe nach der anderen, und um zwölf Uhr wurde die letzte ausgedreht. Der Saal lag im Dunkel, und das Fest war zu Ende. Draußen standen zwei große Schalen, gefüllt mit Salz, in das die Weggehenden ihren Obolus für die Bedienung steckten.

So ist die Schaffermahlzeit in unserer Jugendzeit begangen worden, und fast ebenso hat man sie 1936 wieder gefeiert.

Einige Daten zur Geschichte der Hanse

Um 1160 findet sich in Wisby auf Gotland, dem Mittelpunkt des Ostseehandels, eine deutsche Stadtgemeinde und eine Gemeinschaft der deutschen Gotlandfahrer; in der zweiten Hälfte des 12. Jh. besteht in London eine gemeinsame «Gildehalle» deutscher Kaufleute.

Um 1200 wird ein gemeinsames Kontor in Nowgorod eröffnet, dazu kommen dann Städtegründungen im Ostseeraum: Riga (1201), Reval und Dorpat (um 1230), Wismar, Memel u. a.; auch in Kalmar und Stockholm entstehen deutsche Niederlassungen.

1252 in Flandern gemeinsame Privilegierung der deutschen Kaufleute und «Gotlandfahrer», nachdem sich schon in London die gemeinsame «Hansa Almaniae» gebildet hatte, die den späteren Stalhof betrieb.

1256 tritt erstmals (unter den Ostseestädten, zwischen denen – besonders eng unter Hamburg und Lübeck – Bündnisse geschlossen werden) eine wendische Gruppe in Wismar hervor, zu der neben Wismar Hamburg, Lübeck, Rostock, Stralsund und Lüneburg gehören.

1347 werden die Statuten der Genossenschaft aufgezeichnet, welche das gemeinsame Kontor in Brügge führt;

1356 wird dessen Leitung offiziell den Hansestädten übertragen; aber eigentliche Statuten der Hanse fehlen ebenso wie verbindliche Regelungen der Mitgliedschaft, obwohl über 70 Städte als Hansestädte genannt sind, darunter unter den vielen Binnenstädten wie Köln oder Dortmund auch das polnische Krakau oder das wallonische Dinant.

1358 ist der erste Hansetag in Lübeck nachgewiesen, das Vorort wurde.

1370 kann die 1367 zustande gekommene große Konföderation im Stralsunder Frieden die Bestätigung der Vorrechte in Dänemark und Schweden durchsetzen, die

1435 nach langwierigen Kämpfen im Frieden von Wordingborg nochmals verbrieft werden, ebenso wie dann

1474 die englischen Vorrechte im Utrechter Frieden; doch aufgrund weltweiter Entwicklungen (z. B. Aufstieg der Engländer und Holländer als Handelsmächte) nimmt die Bedeutung der Hanse und ihre wirtschaftliche Kraft deutlich ab, und

1494 wird das Kontor in Nowgorod von Großfürst Iwan III. geschlossen.

1523/1560 nochmals günstige Verträge mit den skandinavischen Ländern, doch erfolgt

1533 die Verlegung des brüggischen Kontors nach Antwerpen und

1603 zunächst Schließung des Stalhofs in London bis zur Eröffnung einer englischen Niederlassung in Hamburg (1611).

1604 leisten nur noch vierzehn Städte Beiträge, doch

1614 wird die Hansische Schiffsordnung veröffentlicht, und

1616 wird ein Bund der Hanse mit den holländischen Generalstaaten geschlossen.

1630 kommt ein engerer Bund von Hamburg, Bremen und Lübeck zustande, die schließlich, als einzige reichsunmittelbar geblieben, die Sache der Hanse fortführen, nachdem

1669 ein letzter Hansetag stattfand.

Quellennachweis

An dieser Stelle danken wir den nachstehenden Rechtsinhabern, die uns freundlicherweise den Nachdruck folgender Beiträge gestatteten: Coleman Verlag, Lübeck: *Willibald Leo von Lütgendorff · Königin des Hansebundes* (aus: «Die Königin der Hanse. Bilder aus der Glanzzeit Lübecks», 1931); den Erben des Autors: *Wilhelm Damwerth · Die schwedische Krone;* Fischer Verlag, Frankfurt: *Thomas Mann · Revolution* (aus: «Buddenbrooks», 1960, 1974); Frankfurter Allgemeine Zeitung, Frankfurt: *Claus Lafrenz · Von hamburgischer Art, einem «runden» Geburtstag und Hafengeschichten* (aus: «FAZ» vom 22. Juli 1989); der Witwe des Autors: *Hans Leip · Auf Schiffstauen geboren* (aus: «Das Muschelhorn»); Rombach Verlag, Freiburg: *Ida Boy-Ed · Der Dorfdiplomat* und *Einige Daten zur Geschichte der Hanse* (aus: «Hausbuch der Hansestädte, herausgegeben von Diethard H. Klein, 1983); Schünemann Verlag, Bremen: *Anton Kippenberg · Navigare necesse est* (aus: «Geschichten aus einer alten Hansestadt»).

In jenen Fällen, in denen es nicht möglich war, den Rechtsinhaber, resp. Rechtsnachfolger zu eruieren, konnte ausnahmsweise keine Nachdruckerlaubnis eingeholt werden. Honoraransprüche der Autoren oder ihrer Erben bleiben gewahrt.

Für die freundliche Bereitstellung von Vorlagen und für die Abdruckerlaubnis der Bilder in diesem Band dankt der Verlag dem Archiv für Kunst und Geschichte, Berlin (S. 14, 29, 45, 67, 87), dem Staatsarchiv Hamburg (S. 26, 132) sowie dem Stadtarchiv Münster (S. 119).